死生契闊

Die to Live

陳念萱

推薦序

在死亡之前，時間不一定都是甜的

許悔之（有鹿文化社長・詩人・藝術家）

十幾年前，我在作家陳念萱的臉書，看到她ＰＯ了去不丹參加其上師的茶毗（火化）大典的照片，附有短短的文字，其中一則，我看到就頓時同感悲心與聖潔，掉下眼淚了。

啊生死疲勞，而死亡，是事相上如此哀傷而眞實之境裡無比莊嚴的佛事。我愼重地向念萱邀約寫一本談生死的書，她後來寫了好多本書交給有鹿出版，但這本生死之書，始終沒有動筆寫出來。

十幾年之後，二〇二四年的初春，我又愼重地跟她提起這件事，也許因緣到了，她以無比的專注完成了這本談生論死的《死生契闊》。雖然只花了幾個月執筆，其實是她一生透過目擊種種生死後如同刀刃相交也有花開遍野的知見與悟入。

交稿之日，幾位同事與我，被念萱帶去午餐吃上海菜，也聊了許多事。席間，我忽生一念，這應該是念萱早年成名作《不丹閉關人》之後，最動人至深的書了。

看到念萱其中一篇寫及「原聲教育協會」的阿貫（廖達珊）老師，我又掉了眼淚；書中還有許多人的故事，生老病死之接續，讓我想起悉達多太子出遊四門看見生老病死無可避免的震撼；許多人的行誼和面對死亡的無比濶達、了了分明，俱出現在《死生契闊》的文章裡。念萱隨點隨撥、不死於章句！書中許多衆生，啊無數衆生，於生死大海的漂溺中，勇渡劫波，能使死亡不只是地水火風四大裂解而已。

Die to live.

是啊，人生朝露，除死生之外無大事。學習好好的「生」，學習面對「老」、「病」，學習面對「死」；世間因緣，花開有時；唯有以慧爲命，慧命無窮。

這本書正是透過死亡的臨界情境，而描敘、討論了智慧的生命。

謝謝念萱寫了這本書，使我覺得自己的出版志業如此有價值！《死生契闊》字字之中，有修行人的專注凜冽，也有照見心光的溫煦。

《大集大虛空藏菩薩所問經》有句云：

彼大莊嚴世界所有菩薩
以布施莊嚴，於無量劫隨順捨故
以淨戒莊嚴，身心清淨無諸垢故
以忍辱莊嚴，於諸有情無害心故
以精進莊嚴，積集一切法資糧故
以靜慮莊嚴，遊戲一切解脱等持等至故
以智慧莊嚴，遠離一切煩惱習故
以大慈莊嚴，拔濟一切有情故
以大悲莊嚴，不捨一切有情故
以大喜莊嚴，於一切有情常喜悦故
以大捨莊嚴，於一切有情無憎愛故

這就是我看《死生契闊》之後浮現的心情了。死亡之終將必來，使我們此生願意或可能去學會不以世間「相對而有」的態度和價值觀去活，因此能夠「心莊嚴，得自在，常喜悅」。

不願面對死亡，不知死亡莊嚴的意義，常常讓我們誤以爲：在死亡到來之前，時間都是甜的；了解死亡的意義後，或許我們會嗅聞到心香如花香，瀰漫一切地乃至大海。

二〇二四年夏天

自序

在生死輪迴裡新生

謹以此書獻給故友曹又方與孟東籬。無論是否有信仰無有恐懼，佛菩薩都會實踐度盡眾生的諾言。

認識台灣絃樂團二十多年來，驚訝地發現全團與時俱進的默契，讓音符有了奇特躍動的畫面，隨著旋律的演進，煥發生命力道，卻溫柔地絲滑潤澤而飽滿。我在聆聽中總忍不住搜索首席譚正日漸花白的亂髮，仿若只要找到首席，便能進入詮釋的畫面中。耳熟的柴可夫斯基，宏大敍事裡的Arensky竟然在演奏死亡的樂章，卻又是如此生機勃勃，一如春季冒芽的嬌嫩綠意，這是譚正的創意，還是我的耳朵也長進了？

一首曲目一襲新衣，我眼冒綠光地找到死亡的最佳詮釋，徜徉在中陰身的死氣之海，生生又生生地汲取那死盡死絕的養分，這是何等龐大的生機，又源源不絕取之無盡。

曾經恐懼黑暗與死亡的我，竟然可以安心關燈睡覺了。

曹又方與孟東籬幾度問我信仰問題，都被我顧左右而言他地避開，我很抱歉，卻不願讓自己的經歷去影響至交好友。信仰，很私密很主觀，否則佛陀不需要給出八萬四千法門，只要信我者得永生即可。而我，自認有辨識假信仰的能力，卻沒有指認眞信仰的工夫，那需要穿透八萬四千座任意門，直抵核心。雖說所有的核心只有一個，解脫桎梏，煥發明覺，卻不可說。

我只能說，在一甲子歲月裡，一個又一個逝去的至親好友，讓我看見了新生的契機。最顯而易見的是母親的臨終過程，以及她全然吸收破瓦超度的震撼，超越了我對信仰的認知，因爲她從來都沒有信仰，只有純粹地相信一切。而我僅僅在她失去生機的當下，才彷佛明白了。

在此，再度聲明，以答覆朋友們的詢問，佛陀不會製造一個懲罰你的地獄，亦不會創造獎賞你的天堂，無論天堂或地獄，都是中陰身自我幻化的投影，來去自如端乎一念。只要自身成佛，便能立卽解脫。成佛，不難，因爲佛說衆生皆是佛。我死了，佛出生了。這便是中陰身的奧妙。

楔子

一天過得漫長，一生卻非常的短暫，瞬間卽逝。

千辛萬苦拜訪不丹幾座諸多蓮師伏藏洞穴時，總會想起自己奇怪的天賦異稟：看見死氣！有些人雖死猶生，而某些人雖生猶死。父親過世前一周，我經歷了第一次看見死氣，那人已經死了卻仍在行走。後來，日漸年長，又紛紛在周遭親友間看到了死氣，從開始的恐懼顫抖，到後來的驚詫與淡然，仿若看見了生死之間的通道。

人體很複雜，一病一案例，遍訪中西名醫後，多管齊下，我選擇了自救。原來，久病成良醫，是因爲看醫生時病人要負一半責任去認識自己的病灶。選擇治療方案前，必須有淸晰的診斷，這一點，無法完全賴給醫生，只有自己最「能夠」淸楚了解。

靈魂深處的病症，更是如此。

目次

002——推薦序　在死亡之前，時間不一定都是甜的◎許悔之
006——自序　在生死輪迴裡新生
009——楔子

第一章　我與死亡的親密接觸

020——中陰身的救贖
我們每天醒來便是再生，睡著便是短暫的死去。一日一生死，此生經歷無數個生死走道，同時是無數個如是信解的機會，直到眞正進入中陰身，我們擁有自我拯救的際遇是無限的。
027——中醫的病根在哪裡？
醫海無涯，學無止盡，病人是我最好的老師。
033——醫生說
味覺恢復，食欲顯現，是健康進步的徵兆。這種感覺，就是耳順之年的眞實體驗。
040——有氣質的魂魄們

半世紀前的紫藤廬，很熱鬧，很純淨，很豐盛。

045——我經歷過的死亡

屍體的靈魂眞的不在，那是空殼子。

053——送走母親的最後一程

一盤粉嫩的遺骨，仿若帶給我解脫，全身的疼痛瞬間消失無蹤。

059——帶著骨灰去不丹朝聖

母親也許沒有給自己累積生活的財富，卻擁有一份全然相信的福德，圓滿了自己的一生，同時祝福了我。

063——堪布老友的荼毗大典 Die to Live

我深深地感謝，曾經擁有這樣一位朋友，雖死猶生。

第二章　紀念知交故友們

072——一心只認真做一件事

「出家」兩個字，可以翻譯為走出自己的家，走入別人家，然後，家的界限模糊乃至消失。

078——歲月應礪出通透潤澤的友誼
即便斯人已逝，友誼，依然在朋友間延續，彷若那說再見之人並未離去，遇上好吃好看的，都會想起老友的一顰一笑。

083——面冷心若爐火燒
我很感謝她的老辣周到，沒有好奇追問或無意義地關注我的淚水。

091——真誠者擁有更多的真誠
一群看得順眼的人住在一起，自在，又有伴，不需要用責任來彼此羈絆，應該是晚年最好的生活吧！

098——無垢劇場的生死《醮》再生《花神祭》
淒美的愛情纏綿進入中陰身過程，女性獨有的孤寂，演化成自我糾纏的美景。

105——阿貫的心無旁鶩
堅持生活教育的阿貫，無論死生，眞正地成功了。

第三章　與死亡相交的電影

110——跟爺爺說再見

直面醜惡，需要十足的勇氣，爽快地撕開，更要狠得到位。

114——不丹的伏藏預言

《大寶積經》裡的八歲妙慧童女，有機會轉身成男，卻對舍利弗說，千萬生生世世求生爲女而不可能，怎會放棄？

118——完美結局

沒有最正確的選擇，只有坦然面對，才能發現生機。

122——岡仁波齊

不斷在艱困路途中，彼此提醒，朝聖過程心存善意，目的，則必須是爲衆生祈福，如此才能達到淨化心靈而至消除業障的個人目標。

128——烈火焚身的胭脂扣

十二少初見如花的場景，遠遠勝過往後無數歲月在床上的死纏爛打，這一點，螢幕外的觀衆看得最明白。

133 —— 殤慟
殤慟，只會加深你的動力，想要知道，然後看見。這絕對不是出於選擇。你安慰不了我，所以，請不要這麼做。

第四章　尼泊爾三十三年

140 —— 上山送信
傻大膽，來自傻，否則大膽永遠不可能出現。踏入未知的恐懼驚顫，只有事後，才會忽然吃到「畏懼」情緒裡面包覆的白蘭地糖漿。

147 —— 乍見魔法師
你若眞想做成一件事，就不要說出口，一個字都不能提，甚至都不要去想，做就是了。

155 —— 台灣人的錢
錢滾錢，累積功德賺更多的錢，是多數人走進寺廟燃香膜拜的眞實目的。

162 —— 住在寺廟裡
如果有時候我不在，妳不要問我去哪裡，我是去約會。如果不是去約會，我會告訴妳，沒說，

就是不用問。
169——炭爐宴
生與長的環境，賦予每個人與生俱來的許多偏見與固執，不自覺地在成長過程中，如吐絲蠶蛹，點點滴滴地自我捆綁，直到化蝶。
176——皈依三加一寶
傳承，透過上師相應法，延續下來。
184——遇見地下村長
很快，時間像跳蚤，急也好，不急也罷，在你沒感覺的時候，早已溜得無影蹤，或許留下了啃噬的遺痕，證明他來過。

第五章　我心中的佛法

194——翻譯《毗濕奴之死》
作者在描述賤民毗濕奴歡愛嫖妓的過程，被歐美書評家稱爲性愛姿勢的經典，而我卻因此重新認識了濕婆與毗濕奴之間許多神話故事中，彼此拯救無與倫比的友誼。

202——功德簿的計算
我常跟朋友說，閉關期間，最大的好處，就是閉嘴。人只有在閉嘴的狀態下，才能耳聰目明。

206——去不丹漫遊
如果你願意慢慢走，不丹王國有全球消失中的動植物原生物種，高達萬種以上，是生物學家的寶地。

215——似曾相識
師父們相繼離去，讓我體驗了死亡的面貌。依然是某種無法言喻的似曾相識，在生生死死之間，不斷地播放著。

218——我眼中的菩薩
閉上眼睛，保持耐心。要是生氣，或是大叫，那就完了。這就跟祈禱差不多，憎恨並非人的工作。

224——走火的空行母
通常，口口聲聲說妳是「明妃」或「空行母」的，肯定是騙局。

234 —— 佛龕供桌上的水能喝嗎？
一般法會上的供佛用水有兩種，一種是給參與的人喝，一種是供佛後再惠賜十方鬼神。

240 —— 怎麼定義神蹟？
迷信！在於你對神蹟的瘋狂，而非道理本質。神蹟可以救人亦可以叫人喪失心智。

243 —— 恆河獻祭
攜帶母親與大伯的遺骨，是我兩度獨自遊船於恆河之上的任務。

249 —— 為誰哭泣？
敬意！似乎是安置自己心靈的妙劑。

257 —— 蓮師洞誦經
在本該滅絕生機上千年的洞穴裡，無人居住，卻香火不斷。

260 —— 不丹議政廳
幸福的不丹需要選舉嗎？未來的不丹，仍然有一再轉世回歸的人嗎？

263 —— 人人皆有仙俠夢
進入如是知的定中定，無論行住坐臥，皆能任運自在，離仙俠夢也不遠了。

第一章

我與死亡的親密接觸

中陰身的救贖

皈依三寶與頂戴上師，即身成佛的最後一次機會。

轉發師父講習氣及觀想的捆綁與解脫之道給朋友，比我虔誠認眞百倍的朋友問：「我需要觀想，把自己從泥沼裡解脫出來，觀想沒有上師加持，是否會淪爲一種神經質臆想？」看似簡單的詢問，把我問倒了！

腦海裡千轉百回地轉悠著稀奇古怪與正經八百的答案，再對應朋友萬分認眞的態度，我難住了，眞難！並非沒有答案，而是答案太多，選擇困難。最困難的是，害怕新答案變成朋友的老問題。此時此刻，多麼慶幸自己不是需要負責任的上師，我可以很認眞地選擇答覆方式，但無法保證這是正確答案。人人都知道誰也沒有正確答案，卻偏偏頂戴上師，必須給出致命性的答案，因爲這將捆綁師徒進入輪迴直到解脫。我相信，這也是皈依三寶擋在皈依上師之前的眞實作用，卻也是一把打開自性解脫之門的鑰匙。想起每個師父都會再三交代，從皈依之後，勿忘日日隨時皈依三寶，這是進入中陰身的保障，亦爲解脫的契機。

當然，很多人恐懼與上師捆綁，卻又覬覦三寶的無窮慈悲，於是，上師們多半會跟大衆說，皈依三寶卽可，皈依上師可有可無，結果一樣。的確，結果相同，但過程卻是千奇百怪地不同啊！

很想問朋友，問題的答案在文章裡，爲何你看到的是問題，而我看到的是答案？可無論是問題或答案，其實都來自我們生生世世累積的慣性，想要擺脫這樣的慣性，便只能依賴虛構的觀想來解脫。這過程，依然是習氣，只是用年輕的習慣，帶走陳舊的桎梏，餘下不那麼粘黏的習慣，要甩掉就容易多了。這就好像減肥去油脂，反而要吸收新鮮營養的脂肪，才能帶走陳腐有害的老脂肪，達到眞正減重的目的，煥發生命氣息，而非讓自己一無所有地懨懨無力。

當然，用新生帶走沉痾，並非永恆不絕，而需不斷地輪迴，這促進生生不息的力量，我們沒有，很容易激起仰賴「加持」的慣性，形成更牢固的桎梏。

在所有藏傳佛教的灌頂裡，必定會有自觀融入上師，與自觀成佛。這是假的臆想，卻是中陰身唯一的解脫希望。假話說多了想多了成慣性，變成出離生生世世習氣的力量，臆想非眞，力量卻眞實不虛。正因爲來自虛構，才要日日鞏固時時牢記，跟我們童年上學升級的情況並無不同。

初始讓人不可思議，也很難操作，這艱難的考驗，是頂級悖論，既要將上師觀想爲佛，又要「見大人則藐之」，這裡的藐之，並非看扁，而是無視，差異在彼此合而爲一地跨越二元對立。習慣，是日積月累的桎梏，卻也可以成爲金剛利刃，能否斬斷習氣而解脫，就看這常年存儲的福報或功德，是否足夠我們衝進輪迴闖出中陰身，獲得新生，再重新蓄積力量進入輪迴，直到逐漸淡化習氣，一舉擺脫所有的粘黏。

中陰身介於生死之間，從死亡到再次轉世輪迴之間的通道。這通道，我們可以當作自己儲存硬碟的投影，既有此生與過去生生世世的經歷，亦有自我編輯篡改的假象，還有彼此因緣際會捆綁的枷鎖，以及心甘情願養成皈依習慣的救贖。

在這紛紛擾擾忙亂不堪又脆弱恐慌的中陰身裡，我們如何找到自己的救贖？

這就要依靠我們的功德習氣，爲何功德是習氣？在中觀的概念裡，功德亦爲虛幻，卻並非沒有作用。功德與習氣一樣，有千千萬萬種，不是單一品相。這也是爲何功過不能相抵的原因，因果報應，一個蘿蔔一個坑，都會在中陰身階段紛紛呈現，讓脆弱不堪的中陰身愈加暈眩，而失去本該具備的清醒理智。此時此刻的「固執」才是我們需要的力量，這份固執或者我們平時恐懼的執著，來自日積月累的功課，時時皈依三寶，脫口而出的一絲念想，能讓飄搖的魂魄即刻出離虛幻大本營的中陰身。

我曾在周渝家裡，巧遇扶乩維生的洪通作品，一整套看似凌亂卻次序井然的二三十幅畫作，有鉛筆有水彩有素描有粉彩，甚至還有文盲的書寫，沒有上過學的洪通，進入忘我世界裡，擁有的臆想，是完整的結構，那是令人顫慄的中陰身過程，從死亡到出生前的經歷。觀賞這套畫作時，沒有恐懼，而是驚歎，愈發貼近了《金剛經》說的「如是知如是見如是信解不生法相」，無需解析，就是知道，知道了也就看見了，然後理解，也就放下，一絲力氣都不用增加，一絲念想也勿升起。我感謝自己有這樣的機遇，看見，是一次多麼奇妙的解脫。

若非時時皈依三寶，很難具備如此坦然知見，若非頂戴上師，想要堅持無形無狀的皈依，其實很艱難。

我們清楚地知道，日日面對生活中的各種實質畫面，很難不被帶走，身心靈四分五裂，仿若簡單得不能再簡單的皈依三寶，可以輕易瓦解，消散於自我固化的堅實城堡中。曾經以爲，在我皈依三十年後，早已養成的「良好」慣性，足夠對付自我生成的惡性膽固醇，嵌入良性養分的新鮮膽固醇，卻未料，一旦進入我執的暈眩裡，孰爲惡性孰爲良性，如此簡易的分別，依然做不到。即便勉強置換成功，照樣能將生機盎然的膽固醇，分秒變成沉痾。難免自問，不是才注入的新鮮養分嗎？

我們需要膽固醇製造賀爾蒙、吸收維生素D甚至促進消化，肝臟可以生成百分之七八十，餘下的則取自各種蛋白質食物。而輸送膽固醇到需要的細胞組織，則仰賴暢通的管道與擔任運輸的脂蛋白。如此細緻有序環環相扣的運作，除與生俱來的基因外，需要良好的生活習慣維持。當然，這樣的維持並非永恆，卻能延長我們嚮往的生活品質。

自我封閉疫情期間，我徹底擺爛，也搞垮了身體，拿到老人卡的最佳藉口，就是我老了我有資格躺平，於是接收暗示的身體就眞的躺平動不了，連往常輕鬆下樓也變成兩步一階地艱難。我想到年近百歲仍堅持與校友保持聯繫的老校長，我想到前往紐約時在機場遇到已九十歲仍健步如飛的周聯華牧師，便撐起僵硬如石頭的身體，定時就醫，至少做到不恐懼上下樓，同時，觀察自心的變化。

我開始廣邀老友聚餐，社交是激發生命力的動能之一，也讓自己看到頹廢中的肢體，曾幾何時，心靈也跟著飄零散逸。我以無法輕鬆打坐的肢體，來讓自己鬆弛本該持續不懈怠的日常皈依功課，看見腦海中飄搖難聚的簡單修持，這三十年的累積慣性竟如此脆弱不堪。往左還是往右？似乎一直在跟我開玩笑，要嘛繼續擺爛，要嘛奮起找回以往生機勃勃的信念。在幾乎放棄攤平的瞬間，疼痛，讓我明白，擺爛並非即刻死去，卻要時刻經歷不想要的愈加艱難。

汗涔涔地慶幸，始終未放棄皈依三寶皈依上師。這是我擺爛的底氣，也是再度自我拯救的仙丹。師父曾說，即便你丟掉了頂戴上師，也不要忘記皈依三寶，這最簡單的念誦，是底氣，也是通過中陰身的鑰匙。

其實，中陰身的過程，並非要等到生死之際才能看見，我們每天醒來便是再生，睡著便是短暫的死去。一日一生死，此生經歷無數個生死走道，同時是無數個如是信解的機會，直到眞正進入中陰身，我們擁有自我拯救的際遇是無限的。在有限的無限裡，能如是知如是見，需要功德，而激發功德有效運作的，是頂戴上師。一如帶給身體正常運作的膽固醇，不可或缺地善惡交替，是善是惡，存乎一心。

即身成佛可望不可及，但中陰身成佛，卻是一念之間。我從母親的臨終過程，看到了希望。

自觀爲佛，自觀成佛，在眞眞假假之間，從與上師合而爲一起始，終至忘卻你我之別，而達到自證成佛的目的，這過程，相當艱難，卻也可以非常簡單。據說，無論難易程度，都需要具備一定的福德。

《金剛經》裡讓我淚流滿面的一段話，便是「若善男子、善女人，於此經中，乃至受持四句偈等，爲他人說，而此福德勝前福德」。這看似簡單的哄騙，卻如此眞實地在我禁語兩個月後發生了神奇作用，也看到了這簡簡單單裡的救贖。

中醫的病根在哪裡？

人人需要自救的通識教育。沒有辨識能力的病人，看不見獨一無二的神醫。醫神專屬的配置，在自己心中。

經歷衆多前前男友前前前女友們的鍛鍊過後，你將成爲趨近完美的戀人。

西醫需要臨床經驗，中醫更是，且條件又嚴苛了許多，主因是中醫講究通識教育與宏觀、微觀交匯的診斷，而非西醫分工式的體檢，不是七年大學可以完成的建構。古代醫師收徒，沒有二十年歷練，只能打雜，不能出診。做醫生的還得文武雙全，自己不夠身強體壯，是沒有資格行醫的。我看醫生的標準，就是先辨別氣質與氣色。乾淨、柔和、堅毅，看到面相猥瑣的醫師，扭頭便走，毫不猶豫。沒錯，又不是選伴侶，卻事關信任，比戀人的要求標準還高。

朋友轉給我影片治療腰痛，臺大骨科權威蔡凱宙醫師，對著一群老人家諄諄教誨：「動作很簡單，連八十歲老太太脊髓側彎都能矯正，一定要自己做，你們都別來看診，我就賺到了！每個人至少省一百萬，只要你們都活得好好的，國家就不會被你們拖垮。」這個動作，易筋經與八段錦的起手式，綽綽有餘。眞的很簡單，不能站的，坐著做也行，雙手與脖子一起仰首托天，深吸一口氣，夾緊肛門往上頂，閉氣半分鐘，呼氣放鬆，每天反覆做幾下；慢慢能站了，便兩腳齊肩站立，雙手托天仰頭閉氣提肛，盡量堅持，再放鬆。促進氣血循環包治百病，一招足矣！只要能每天堅持做幾分鐘。其實，我們上小學時，每天上課前做的早操，也夠用。但是，誰眞的每天持續做下去了？

著名西醫在用中國傳統體操，來拯救他的病人，蔡醫師說：「每次爲病人動手術，我都覺得是損失，如果你們每個人都乖乖做這最簡單的動作，都不用來看診，國家就有救了。」他說的賺錢概念，是你不花錢，他就賺錢了。錢的存在，對他而言，是同體大悲，而非個人一己小利。醫德，是隋唐醫聖孫思邈的唯一標準。

普遍性的生活常識教育，才是人人都需要自備的基本醫療道德。如果你從小認識植物，能分辨自己身體與四季季節變化的感應，就能做自己的「上醫」而醫未病，眞要到了醫院，也能清楚描述症狀，而不至於落入「問診」的陷阱裡，被推卸責任地「誤診」，要知道誤診機率高，是醫者與病患雙方的責任。你想把責任賴給醫生，還要看你是否具備這樣的知識底氣。

著作《本草學》的末代王爺生藥學家那琦先生說：「上藥爲養命之藥爲神仙藥，中藥爲養性之藥以養生，下藥則多毒，是以治病爲主之狹義醫藥。」恰如《醫宗金鑑》第一章說的，病入膏肓才用藥，此時已落入下乘，卽便治癒，身體免疫系統已被藥物毒害受傷，而難以恢復完全健康地運作，此後，只會變本加厲地毒害，而沒有回頭路了。

那琦教授尊爲藥學大師，一八八三年出生於蘇州的本草學家趙燏黃，曾用現代科學研究著作《實驗新本草》，他認爲：「一八八二年到一九四〇年代，世界各國學者研究中國藥材與本草古籍，我國卻不知保存，如敦煌石窟古本草與其他文物，被英、法傳教士竊取，藏於外國博物館。後來，日本中尾萬三到英國博物館考察唐代《食療本草》殘卷，寫了報告。外國人搶走古本草，我們自己不考察，反要由日本人去考察，實乃莫大恥辱。」最重要的原因，是中醫無法製定普遍性標準，需要投入長期無回收報酬的毅力，才能練就一點基礎，這還需要安定的時代配合，以及當代價值觀的支持。

我在三十五年前拿到中醫檢定考試及格證書，雖在五萬考生中名列一七五，其中考最差的就是藥物學，至今仍對本草界定寒熱的方式暈乎乎。我根本無法治病，除缺少臨床經驗外，教我讀醫書的師父，灌輸給我的價值觀是關鍵。「上醫醫未病」，這道理人人懂，卻鮮少人能用到其精髓。能醫未病者，除自身學識涵養豐富，且必須與病患長期相處，知根知底，才有可能，這也是古代醫者，其實多半是自家長輩的主因。誰能讀書寫字，誰就是家庭醫生。

然而，並非人人都對醫藥學有興趣，需要耗費非常多的時間精力，單單採藥炮製過程，便得相當人力物力的投入，遑論地域與氣候造成的藥材變化，以及個別人體遺傳與生活慣性差異，對藥物反應程度的辨識，有時需要非常靈敏地精細。我跟台灣當代名醫楊維傑學針灸時，他曾說過：「診斷是關鍵，技術其次，臨床才是根本的對症下藥。」他說的臨床，指的是每一個手裡的病患，都必須重新經過臨床實驗，前車之鑑，只能是基礎。有時，同樣叫肝病，卻完全無法借鑑，個別人體，就是獨立的案例。楊醫師的結論：「病人都是我的老師。」楊維傑給我最大的臨床啟示，就是在我頭痛欲裂發狂時，用三菱針在太陽穴放血，血流如注立卽止痛，精準地沒有留下疤痕，除技術外，診斷與穴位的應用，便來自豐富的臨床經驗。

學醫期間，師父丟給我許多名醫醫案，毛筆書寫，字跡工整，不僅僅辨識度極高，且秀美至極，字裡行間都能感受到醫家品德慧雅而心生景仰。我沒有見過字跡潦草的中醫醫案，古時候的醫生有涵養，是必備條件之一。其次，就是好奇心與實驗精神。

一本古代醫案，記錄的是鄰里病號，從出生到老死的經過，代代相傳的族譜紀錄，吃喝拉撒等生活慣性，體型樣貌與骨骼，用過的藥方或處方，乃至排泄物的變化。病人一走入醫者的視線，便被仔細地記錄了行住坐臥與聲音，以及身體散發的氣味。然後，才問哪裡不舒服，望聞問切，切是最後一招，把脈，這功夫絕對需要臨床經驗，能把好脈，因爲經驗豐富，否則如何分辨浮脈與沉脈？遑論脈急與弦脈？醫書上寫的中文，你絕對不認得，精簡得需要臨床註釋。楊維傑手上有數十本

《醫宗金鑑》，每一本都寫著密密麻麻的小字，寫完一本再買一本，這都是看病時隨時留下的現場記錄對照表，行醫數十年，他說：「醫海無涯，學無止盡，病人是我最好的老師。」若非來自雙方的信任，誰要給你當實驗品？

走筆至此，你該知道，一位醫師的養成，如同談戀愛，尤其是中醫師。充分的好奇心，持續不斷的激情，充沛的體力（中醫師多半是武術名家如鄭曼青），以及一個個打身邊走過的病患，前男女友是你的情感老師，病人則是你的臨床老師。你只可能趨近完美，而永遠不可能完美。

如今，有哪個醫師肯慢慢地臨床實驗而成就自己再去救人？二十年不一定能出師，誰願意？

最好的辦法，仍然是骨科權威蔡凱宙醫師教育病人的方式：自救！如果把古代藥草與診斷學納入基礎教育裡，至少，在這知識處處片面化的時代，做到人人有足夠的常識自救，不至於被庸醫（中西醫都有）綁架，又劣幣驅逐良幣地一桿子打死一船人。

醫生說

開始收拾「遺物」前的最後努力。碰觸死亡線的電壓，反彈生命力。

雖沒有在疫情期間中標，卻因爲不想打疫苗，而把自己關在家裡長達五年，避免交叉感染惹事生非。時時躺沙發看小說，餐餐吃外賣的結果，我廢了。體重暴增，身體僵硬，心臟開始不規律鬧彆扭，呼吸困難，每天在瀕臨死亡的感覺中醒來。愈來愈行動不便，造成更懶得動，於是，很輕易地在家中摔了一大跤，躺在地上掙扎兩小時才扶著桌椅站起來，我嚇到了。自此，膝蓋與髖關節成爲我的身體異物，時刻提醒叫囂得讓人頭暈腦脹，外加低血壓作祟與暈眩症干擾，眞不知道活著是否是在等死？

廢了太久，腦子不好使，我首先想到的，不是就醫，而是如何清理遺物。

偶而跟朋友聚餐，成爲救贖。在一堆八卦廢話中，逐漸清醒的腦子，有了腦內啡（Endorphins）愉悅效應，原來人與人之間會產生意想不到的能量激盪，比任何藥物還管用。於是，我有了一點點小小動力，尋找醫療資源，讓自己至少能下樓出門參加飯局。幸好有好幾組輪著請客的飯友團，讓我幾乎有經常大宴小酌的錯覺，仿若活著就爲吃頓好吃的。

懶人先在附近的推拿治療室折騰了幾星期，若非過個斑馬線就能到，我可能還無法勤快地三兩天去被摺疊一回。有天在櫃檯結帳，桌面忽然出現一本二十年前寫的書：「不好意思，我們老闆想請妳簽個名，可以嗎？」老闆是誰？「我們老闆是中醫師，診所在附近。」太好啦！踏破鐵鞋無覓處，尤其是在「附近」。

於是，我又懶了幾周，才眞正踏入診所。原來諱疾忌醫是這種渾沌狀態，若非實在舉步維艱且虛弱得喘氣困難，上個台階都需要好幾秒，我大概不會走進診所，前提是還必須在附近。卽便是僅僅十分鐘步行路程，我仍然是汗流浹背地呼叫計程車，又虛又盜汗不停，太折磨人了。「終於見面了。」醫生看見我的第一句話，讓彼此尷尬了一下，呵呵！有點想逃走，若非虛得走不動，可能就眞的敷衍兩下轉身離開。

在長達一年的定期治療中，慢慢發現，病患與醫生之間必須講究緣分，有了無緣無故的信任，才能在微乎其微的療效之下，堅持再堅持。從踏上小台階入門困難，到飛快行走，且出國旅遊，我無法想像自己是如何熬過這漫長的死亡威脅。那種無所從來的窒息感，隨時隨地壓迫著聊剩無幾的體能，說句話都得喘大氣。醫生說：「妳是怎麼把自己掏空的？好好奇哦！」這話說的，幸好我不是男人。

很幸運地，我遇見了適合我的醫生。他不是神醫，但剛好合適。看診、推拿整脊、扎針、艾灸、水藥、藥粉、藥丸、藥膏到藥膳，外加不時增加的自我調整小體操，醫生花樣眞多，診所裡到處掛著字跡不同的書法，被我損了兩句，不太講究的文青氣息，卻原來每幅字背後都有一定分量的友誼。我們日漸形成邊看診邊鬥嘴的慣性，時不時地互相虧兩下。直到有天醫生說：「妳什麼時候出去玩？」啊？我下樓都困難，能出去玩？「妳就飛出去轉兩圈，玩壞了，再回來給我修理。」如果曹又方當年遇到這樣的醫生，會不會長命百歲？孟東籬肯定會更喜歡這種醫生，半死不活也能出去玩，反正他有底氣讓妳活。

於是，去年被廣州朋友拉去敦煌幾天，幾乎是讓壯丁架著上下洞窟，每天晚上起夜好幾趟，清晨掙扎吞藥綁腿，周折兩小時才能出門，下午早早返回飯店泡腳泡澡，才有力氣去吃晚餐。幸好隊友們不介意，任性地陪我慢行慢食。還算愉快的幾天行程，讓我臉頰略添紅潤地返台。醫生一邊把脈一邊驚奇地說：「咦！妳體能有點回來了喔！」啊！我還等著回來被修理呢！「嗯嗯！是要調整一下藥方，現在終於可以開始補心，下個月才能補腎。」所以我果然是七零八落的，難怪如此虛，不怪我懶。

緊接著，我又受邀去雲南偏遠的霧里村，先到四千米的香格里拉，再跨越冰雪中的白茫茫高山，抵達怒江下游兩千米左右的怒族村落。這個小小的茶馬古道村落，海拔僅僅一千七百五十米，卻被四五千米的山巒包裹，遍地神奇稀有物種，飲食亦是多民族地多元化，附近有藏族、漢族的融入，卻又堅守自己的傳統文化，讓這即將荒廢的古村落，又被既下山旅遊資源拯救起來。

行前，醫生準備了補藥與高山症防護，其實高山症的主配方是紅景天與人蔘類滋補藥材。鑑於敦煌之旅的狼狽，我心慌慌地上了飛機。未料，僅僅是走古道進村落時略顯困難，而原本驚恐的高山症，卻在醫生的補藥外加當地的液態高原安滋養下，安然無恙。想起當年跟曹又方一起到香格里拉，剛下飛機就進氧氣室狂吸半小時才緩解暈眩，腦袋當機的感覺太可怕了。

強忍體能不適，熬過了幾天旅程，回到家，赫然發現上下樓沒那麼困難啦！一進診所，醫生就說：「咦！妳氣色很好耶！果然有被加持被補到！」哦！夫復何言！原來我就是需要被旅行折騰幾下，才能恢復體能？旅遊是我的大補藥，醫生說。

爲了接下來要去鹿特丹影展十天，以及間隔兩天就要去名古屋與家人一起過年。我忐忑不已地積極配合治療，且勒令自己鍛鍊，又做體操又日行萬步，先擺脫懶病。最好的辦法，就是積極約朋友聚餐，好不容易在治療過程中甩掉的十公斤，幾頓飯又有上昇趨勢。飯必須吃，所以路也必須走，體操更不能荒廢。於是，在如此又補又動的行進中，體能逐漸回籠，朋友們都說我顯而易見地「正常」了。原來，前幾年看起來委靡不振的嚇人樣子，大家都不敢說呀！

味覺恢復，食欲顯現，是健康進步的徵兆。這種感覺，就是耳順之年的眞實體驗，年輕力壯的人永遠無法想像，但也因爲這樣的折騰，五感反而變得敏銳起來，甚至連節氣都能憑體感精準偵測到，人體太神奇了。有一失必有一得，在這反覆生理與心理的拉扯之間，彷彿釋放了長久以來鬱積的沉屙，點點滴滴被解放被治療。

沒想到，我在名古屋能日行兩萬步，不可思議的潛能。於是，我又有勇氣買了前往濟州島的機票與住宿，即便仍艱難地守著日行萬步的自我鍛鍊。這種遊走在懸崖邊緣的生心理磋磨，實在是一言難盡。日日自我掃描，清楚地感受著體能極限，其實可以輕鬆慢走三五千步，卻逼著自己過萬步，實在費腳時再減，稍微恢復又增加，如此反覆，維繫著瀕危的身體機能，很搞笑，卻心知肚明，不進則退，我已不再年輕，廢不起。

我很感謝醫生在我尚未感受到治療成效前，就鼓勵我出遊。其實，他很敏感地問過我需不需要另外推薦「專業的」醫生，長達幾個月感覺不到明顯效果的治療，多半都會沮喪乃至放棄，就在我認爲要被醫生遺棄時，又不甘願地繼續就診。正因爲這樣的信任與堅持，我等到了久違的健步如飛。

我不是痊癒，而是有了體力，能夠支撐下去。醫生用階段性的修復，讓我慢慢恢復體能，再加上紀律式的鍛鍊，可以正常生活，而不再恐懼下樓出門。

總結這五十歲到六十歲的身體機能轉變過程，其實是跟自己相處的最好階段，若能好好善待自己，那麼，周聯華牧師九十高齡仍獨自健步遊走機場的身影，就是最佳範例。只可惜，我在心理上還維持在三十歲以下，而身體早已趕上六十歲以上了。這就是我這幾年活該要付出的代價，日日夜不成眠，而晨起無法輕鬆下床。剛開始，會以爲這是短暫的身體不適，未料，恰是年紀漸長的必備過程，不知不覺間，需要面對年華老去的必然，卻不能被歲月擊垮活下去的意志。歲月，不僅僅是打擊健康，還給予經年累月的慧眼，老眼昏花，但心眼清明。只要願意維持寬鬆地活著，其實，心境上，是從所未有的海闊天空，這種喜悅，是三十歲時無法想像的。並非我擁有了什麼，而是，沉屙乍現，不再負重。輕鬆，能讓不太利索的身體，起舞。

在最無能爲力的時期，跟醫生成爲朋友，非常幸運。而飯友，眞的是老年人的必須與救贖。我有好幾攤截然不同的飯友群，偏愛的餐飲不同，正好調劑了愈來愈龜毛的老人味覺，年長後的無所禁忌言談，更增添了味蕾效應，給菜色默默加分的喜悅，油然而生。也許，互換人生經驗，恰是最好的調味料，給餐桌賦予療癒的神奇魔力，人人受益，這就是佛經裡說的隨喜加倍功德吧！

有氣質的魂魄們

紫藤廬茶館文思泉湧，往來無白丁出入皆鴻儒。

住在溫州街期間，步行到紫藤廬只需要幾分鐘，我每天搶在九點開門前報到，先探望院中小池裡金燦燦湧動肥壯的魚兒們，再仰頭瞧瞧綠葉茂密的紫藤花架，是否還掛著將落未落的露珠，然後才打開吱呀作響的費力木門，經過櫃檯走進大廳躲在角落裡，點杯茶，打開電腦，奮指疾打鍵盤，仿若不快點便錯失了這空間賦予的無形潮汐浪頭。

遇上細雨綿綿的季節，若包場地寂靜，我會從角落搬到落地窗邊，看著濕潤的綠意，無拘束地創作詩詞。這裡，仿若有無數的精靈，讓人無法停止書寫。周渝說，茶資還要外加靈感付費，你帶走了多少巧思？我說：你在這裡出生長大，寫了多少東西？老小孩轉身走了。

近半世紀前，我有幸在茶館未開張時，被頑童藝評家吳翰書帶到周渝家吃他興致勃勃宣稱的「大餐」。那天冷颼颼，在空蕩蕩的百年老屋裡，家徒四壁，愈加地凍人。幾張坐墊，小矮几上火鍋裡，幾片肉幾塊豆腐與青菜，我很懷疑這樣能吃飽嗎？先不說這清湯寡水是否能好吃。那年我十九歲，綁著長長的兩條辮子，沉默地聽著吳翰書口沫橫飛，空氣中舞動的唾沫，徹底打消了我旺盛的食欲，周渝說：「抱歉啊！家裡沒什麼吃的，就只有火鍋最快。」我前胸貼後背地表示：不餓！

吳翰書腦中西方藝術品的知識庫異常龐大，隨口點評，必能驚醒夢中人，尤其是口無遮攔無所畏懼地敲打，語驚四座，同時讓全場靜默。我跟著他去了楚戈家中的藝術家聚會，有詩人、畫家與音樂家，這是每場畫作展出前的預展，好脾氣的楚戈笑咪咪地聆聽各種指教。我也跟著吳老師去故宮去當代畫展，他總是點評一半忽然轉頭問我：「你要當我徒弟嗎？」啊？你又不創作只點評，要徒弟做什麼？但我跟進跟出地，還眞像個小徒弟，只差拎包，但吳老師沒有包袱。他也不在意我的答覆，仍然在許多老幼藝術家之間，任意點評，時而問問我的看法，朗聲大笑：「嗯嗯！就是要這樣大膽直觀的感受，不用掉書袋。」

在周渝收留的眾多藝術家裡，吳翰書是唯一沒有作品留下的住客，白吃白喝。看似迷糊自認糊塗的周渝，卻誤打誤撞地擁有了許多後來拍賣場熱門藝術家們的作品。無垢劇場林麗珍老師說：「你別看周渝迷迷糊糊的，其實特別精明。」當時沒聽懂，很多年後，看似仍然迷糊的周渝，在風雨飄搖的歲月裡，生機盎然地啟動創作。而我終於在他的書寫中，看見流暢的生之春發，細微潤無聲。

二十多年前，大塊文化前總編廖公與當時的編輯韓秀玫，相約紫藤廬，廖公翻閱著我在茶館裡創作的詩詞，然後說：「我很喜歡妳掌握文字的能力，但是不要出版詩詞害我，妳寫任何東西我都照單全收，詩詞再好也會賠錢，寫散文別寫詩。」看到他眼中的欣賞之意，我沒有失落，卻自我省思，離開紫藤廬還能有同樣的文思泉湧嗎？周渝跟我收繆思費，也許有道理？只要在茶館裡坐下，無論周遭如何客滿喧囂，都無法影響我不斷地書寫。

有段時間，我經常在紫藤廬約見朋友，這樣等待與書寫兩不誤，一天約上幾撥人都無所謂，沒有時間壓力。有回遇到匆忙闖入的詩人羅門，雖不熟也打聲招呼，因爲我正巧要去洗手間，而他要去裡面包廂開會。看著面熟卻不知道我名字的羅門忽然說：「啊！妳就是寫了很多詩詞的，我忘記妳名字，就記得那天妳手上一大摞詩詞。」然後羅門開始朗誦我自己都忘記的創作，他邊念邊讚嘆，然後問我幾歲了。「四十正是創作巔峰的年紀啊！加油！」急著去開會的羅門，跟我站在通道上說詩詞說了兩小時。

那樣的年代，才有那樣的茶館，也才有心中春風盎然的詩意。

紫藤廬開張後，有各種小劇場表演，有或公開或私密的學術性討論會，有書畫陶瓷藝術品展覽，別人是往來無白丁，茶館是進出皆鴻儒，隨隨便便就能遇上各界大佬，當然躲在角落裡埋頭寫小說的我，一無所知，多年後，才有了逐漸清晰的認識。

每當朋友們問我，爲何每天有如此大量的書寫，答覆千篇一律：「紫藤廬住滿了有氣質的精靈！」有人大笑有人被嚇到。

無論如何，我的確在這搖搖欲墜的老房子裡，寫了幾本書，甚至擠出大量委託採訪稿，最高紀錄每日萬字。胡因夢曾問我：「妳是不是接收到靈界訊息？」我錯愕地哈哈大笑。有朋友的確處在接收天外飛來訊息的狀態，而我，像是被紫藤花架的露珠滋潤著，墨水不斷，便能一直書寫，完全沒有卡殼斷訊的煩惱。訊息是自己的，但養分是老房子的精靈賦予的，如是感受。

半世紀前的紫藤廬，很熱鬧，很純淨，很豐盛。鬼神也好，精靈也罷，僅只是形容一種狀態，這樣的感受，於我是讓人感恩的養分。

我經歷過的死亡

面對屍體的瞬間感悟，給自己解脫的生死線。

「看見死人臉」雖說是一句罵人的話，但我卻經常深刻體驗著這樣的畫面。也許是從小直面死亡的機會太多，甚至經常有吹吹打打的裸棺送葬行走，時不時就會遇上一具棺材迎面而來，我都不免感受著怪異的悸動。後來，發現自己常在瀕危親友的臉上看到死灰色，那是生機盡失的顏色，多半一句左右就會被告知對方的亡故。

最早遇見的是外公去世那年，我兩歲，在大人一陣忙亂間爬進棺材，據說事後發燒了好幾天。然後是十歲那年父親過世，只看到了骨灰。再然後是外婆、公公、婆婆與母親相繼去世，我帶著藏傳佛教師父們在殯儀館給他們誦經，一次性看到好多認識與不認識的屍體。由於母親性格的獨特性，我帶著她的骨灰去朝聖，沿途撒下碎片，最後在恆河邊跟她說再見，大伯看了我撰文描述過程，從美國打電話來要求比照辦理，於是大伯罹癌去世後，又再沿途朝聖一次。

我的菩薩戒授戒師父頂果法王荼毗大典，與我的魔法師父聽列諾布仁波切的荼毗大典，相距二十年，都在不丹的巴洛古都舉行，賦予我神奇的精神震撼。前後兩次之間，我的藏傳同修好友與皈依師父相繼離世，分別刺激到無可名狀的靈魂激盪，死亡，已經不僅僅是消失，卻彷彿有看不見的幾度空間連線，讓活生生的我們，看見逝去的痕跡行走。

直到去年拿到老人卡的一甲子有餘，我看見過無數親友們的屍體，最大的感觸，就是靈魂離體後的軀殼，眞的如玩偶般沒有生命力，一點剩餘的生機都沒有。這實在是太神奇了，人眞的有靈魂與軀體分離的狀態，而我居然能清楚感受到，令人費解，我無法說服自己不相信這無法證明的體驗。

於是，死生契闊，忽然出現在腦海裡。與子成說，非僅關乎愛情，而是任何在自己生命中出現過的連帶關係，這種牽絲引線，讓人掛著，無法釋懷，也是一種感懷，彷若這生死之間就只是個過程，並不如我們知道的那樣決絕。

有回大年初一夜晚，忽然接到林麗珍老師的電話，她與陳念舟夫妻在周渝家喝茶，一泡百年千兩茶，喝得神魂舒爽，忽然想起我住在附近，三更半夜把我叫出門。我很慶幸忍著雨夜蝕骨的冰寒，喝到小小一杯就讓人冒汗的老茶。而更精采的是周渝搬出了未展出的洪通系列素描，不知是否心有靈犀，周渝隨意擺放的大小幾十幅不規則畫作，驚然展現了完整的中陰身過程，我看得汗毛豎立。

洪通不識字沒上過學，所知皆爲扶乩而得，也就是一般人知道的與神鬼交談。周渝與兄姊們年齡差太大，以至於孤獨面對家國情懷滿腹的老父成長，從小就長老了，一路老到底，敏感而知衆多世事，也就能茫茫然地欣賞洪通隨手而就的塗鴉。緣分很奇妙，互相干擾牽引。周渝心存善意地買下洪通所有的作品，支助他擺脫窮困病重，未料，多年後，這批作品受到國際拍賣的青睞，而幫周渝解除了當年的經濟壓力。在周渝身上呈現的因果，很及時，這該是他無意插柳的事件之一，紫藤廬茶館牆上的許多畫作，都是他收留藝術家的證據，如今雖說未必價值連城，卻也在拍賣市場上有行情地位的作品。

公公的遺囑，僅通知在台直系親屬，不可發訃文。正巧有位喇嘛堪布同修在台北，算是我皈依師父的第一批學生，便很不客氣地邀請：「你會超度嗎？」應該會吧！沒做過！「什麼？你就只會辯論經典嗎？」哦！師父也有教超度，只是沒機會用。「那走吧！給你實習機會！」他很好脾氣地欣然同意。我們便直接去殯儀館的冷藏室，拿著紙條號碼到處找不到公公，問管理員才知道，冰櫃客滿，公公躺在輪椅上排隊，還有連推車都輪不上的，穿著壽衣帶著壽帽像只布娃娃似地坐在地上。我們面面相窺，然後我說：「那就全部一起超度吧！」「我也是這麼想的！」經文念誦完畢，點香燃完，我們「慢行」出去到大馬路上，才忽然相視大笑：「太不可思議了，我從來沒見過這麼多屍體！」他說：「我也是！」又補上一句：「神奇的經驗。」這一回，我徹徹底底地看見，屍體的靈魂真的不在，那是空殼子。

西藏人對人死後的看法很傳統，也很簡單。人分三六九等，這不是富貴等級，而是按照修行傳承與功德（藏文的功德含學識）來決定是天葬、水葬、火葬還是土葬，當然還有一種就是眞身坐化不腐朽被供養在佛龕上如六祖惠能。至於寧瑪派的虹光身，就是在坐化前閉關封死關房，直到身體完全消失成一道光，僅留下一身袈裟。這些都是傳聞，我親眼看見的，是敦珠法王的一寸眞身，據說留這一點沒有完全消失，是爲了留下證據。

母親彌留之際，正巧達賴喇嘛的兩位老師在台灣，一位是破瓦法（中陰超度）專家，另一位是因明邏輯學專家。可以說沒有信仰卻又什麼都相信的母親，讓我決定請兩位大師去給她超度。若非親眼所見，眞的無法相信，在大師誦經的過程裡，母親頭頂快速鼓起，頭髮豎立（幸好她是短髮容易辨識），我忽然全身輕鬆了。原本從母親彌留到送進殯儀館的幾天，從頭到腳每個細胞時刻都疼痛的我，這瞬間，徹底解脫。於是，我又卽刻安排母親遺體立卽火化，當火化爐釋出滿盤珍珠白帶著幾許七彩各色碎骨時，我渾身飄飄然，仿若天地間任我遨遊地愉快，原來對著消失中的母親承諾帶她去朝聖，是眞的管用啊！

自幼在華興育幼院長大，我從來不知道自己跟母親之間有如此緊密的關係，生與死的短暫過度，竟是如此徹徹燃光地敞亮，心，是從所未有地知道，《金剛經》說：「如是知如是見如是信解不生法相。」原來如此，原來如此啊！我很幸運地，認識了許多頂級科學家，自己無知，卻因爲別人龐大的海量知識，體悟了經典裡說到的極大極小與無量無數，竟是眞實不虛地存在。這種看似無法明白的語言文字，是可以在某個瞬間，讓人看見讓人知道讓人明白的。

走進某個瞬間，是如此地可遇不渴求，卻又是如此地自來自去，讓人很想笑，想起在尼泊爾加德滿都期間，那忽來忽斷的電源。

打開網路臉書，忽然跳出多年前去紐約上州探訪師父時，進入莊園前那條大道的秋冬景觀，落葉枯枝，我心不荒涼，反而既忐忑又激動起來，每次走每次都有強烈的心跳。那種無所從來的連結，仿若網路線，能溝通，卻看不到實質的線路。想起師父經常說：「我不在的時候，仍然在。」他在二〇一一年十二月二十六日逝世，我很震驚，雖然他病了多年，但我們從不認爲他會被病痛帶走，然後，我認爲他是自己想走。別問理由，我就是固執。他走後，我在不丹參加了荼毗大典，然後去紐約上州探訪他守莊園的次女，順便頂禮他的舍利塔。進入莊園時，我心依然如故，激動又忐忑地踏上這條大道。

這是一條奇特的路。如他所言，他依然在。

每每回想到荼毗大典現場時，都忍不住再三確認，當時是否是產生幻覺？就在他被火化之時，我坐在草地上被濃煙燻得閉上眼睛，然後，他忽然如巨人般出現在眼前，對著我微笑，樣貌很年輕，神清氣爽。我忍不住說：「你爽了，我們傷心了。」然後，他一直對著我笑，我則拚命地掉眼淚，一副要把他哭回來的架勢。當然，我沒有如願，有人拍拍我的肩膀：「該走了。」

又想到去印度中部參加同修的荼毗大典時，暴哭三天的場景，不知道哪來這麼多的淚水，回程到新德里遇到我的傳承灌頂師父，也這麼問我：「據說妳眼淚很多？」我撇撇嘴沒說話，然後他又問：「我死的時候，妳也會掉這麼多眼淚嗎？啊？啥？「我不知道！我應該會比你早死吧！你比我年輕。」他笑笑：「年齡不會決定死亡的時間。」我又很皮地說：「放心，我比較需要你的超度，你等我先死吧！」他很酷地說：「走著瞧！」

師父的師父也是我的師父，其中之一是頂果法王，我在香港遇到從四川回來的他，飛去接菩薩戒，然後又在不丹參加他的荼毗大典，那是我第一次造訪不丹，一切都很新奇。最奇怪的，並非是他魁梧高大的身體縮得非常小，比我還小很多，而是我們排隊去給遺體頂禮時，被分發黏著屍水的鹽粒，當時沒聽清，就跟著吞下去了，旁邊的洋阿尼調皮地對我一笑，然後不懷好意地說：「那是我師父身體上刮下來的東西喔！」我看看她又看看別人，問：「大家都在吃嗎？」她很高興地說：「是呀！」「喔！那我跟著吃沒錯吧？」「嗯嗯！對的，你會得到很大的加持。」三十多年前，對藏傳佛教仍萌懂的我，完全無法體會何謂加持，既然大家都照做，我便從衆。話說我也難得如此乖巧，畢竟這也是我師傅嘛！

如此漫長卻又短暫的三十年，我學到了什麼？

送走母親的最後一程

捕捉臨行前的福德。

朋友母親病危，其實，應該說是病危了很久，像前陣子九十高齡的乾媽進了加護病房，又平安地回家了。從四十年前跟乾媽同病房開始，她就經常被救護車送來，進進出出地上演驚魂記，誰也想不到她竟活得比誰都長，至少比照顧她一輩子的乾爹長。我想起了自己的母親，用她的最後一程，來寬慰朋友。

若非母親再三告誡絕對不可以搶救，她若失去意識，我必須當機立斷；在措手不及下，看著病危的母親，我仍顫抖著詢問醫生，搶救可以維持多久？答案是放我一馬的四小時，誰會爲了四小時去折磨自己的母親？如果是四年，我肯定會猶豫，看著母親插滿管子痛苦地躺著，也不敢擔負不孝之名拔除她最後的苦難，誰敢？

她躺在那裡，沒有生命跡象，醫生說她的腦子是活的。但我盯著她，知道她已離去，也許是血緣關係，也因爲母親跟我是可以互罵的朋友，看一眼，便知道，她不活了。根據常識，我不哭不叫，小小聲地告訴醫生，不要再爲她做任何事，只求她不痛苦。說這話時，我全身的細胞都在發抖，疼痛在擴散，痛感在增強，走出加護病房已暈眩，通知弟弟與剛好在台的老喇嘛，舌頭抖得無法把話說清楚，幸好八十高齡的老喇嘛經驗豐富地安撫我，讓我把話說完，然後承諾一定在二十四小時內幫母親誦經，平安地渡過中陰身，這生與死之間最脆弱的漂移階段。

連夜把母親的遺體從醫院搬到殯儀館，爲了搶在二十四小時內讓老喇嘛爲她誦經。我們奔馳在暗夜裡的高速公路上，坐在母親身邊，不斷地在心裡道歉，希望司機不要動作太大，以免造成她的痛苦。而我自己，渾身都在隱隱作痛。翌日去讓人洗頭時，必須哀求小妹盡量輕，用揉的卽可，被觸碰的我齜牙咧嘴，很難描述爲何能痛得死去活來，誰信？然而我知道離去中的她捨不得，我忍著。乾乾淨淨地去殯儀館，等候老喇嘛給母親最後的祝福。我在母親身邊說了最後一句：「一定帶妳去朝聖！」她愛玩，肯定樂意的。

即便是我信任老喇嘛的祝福，也難以相信眼前發生的景觀。我把母親的遺體從冰櫃裡拉出來，老喇嘛讓我掀開白布，露出頭部即可。此時，我又開始全身發疼，和弟弟一家四口圍繞著母親，聆聽喃喃誦念。忽見母親頭皮緩緩隆起，我以爲自己頭暈眼花，卻見母親頭髮也豎起直立，而頂門也愈來愈鼓脹，心頭卻莫名地輕鬆，千斤重擔卸下般，感覺困在屍體裡的母親，已從頂門脫困，而我，終於平靜了下來，如暴風雨過後。當下，我知道可以送母親去火化了。

那年的火葬場尚未整修，仍是老式整排的焚化爐，一批整排一起火化，同時拉出鐵盤擺放，任由家屬自行撿骨，放入事先備好的骨灰罈。我轉頭瞄見左右鄰居的骨灰，跟父親當年的遺骨一樣，呈現死灰色，閩南俗語說人臉色難看，就叫「死人骨頭」，果然暗沉無光。忽聽得五歲的姪子大叫：「奶奶的骨灰好漂亮啊！」雪白如珍珠的整盤遺骨出現在眼前，稀稀落落的七彩顏色，如揮灑出去的顏料，隨意染著在珍珠白骨灰群裡，粉末狀、顆粒狀甚至珊瑚狀，有翠綠、金黃、粉紅、豔紅、橙紅、水藍與粉紫，五彩斑斕。這一盤粉嫩的遺骨，仿若帶給我解脫，全身的疼痛瞬間消失無蹤。

母親像大部分的閩南台灣人，沒有清楚明確的信仰，嚴格說來，她什麼都相信。只要你敢說，她就敢信，而且是全心全意毫不懷疑。對我這種疑心病重的人來說，這簡直是愚蠢的極致。然而，若非她全然的「相信」慣性，怎能在中陰身的脆弱狀態下，完整吸收到老喇嘛的好意呢？相信，竟然是如此不可思議的好習慣，根據老喇嘛的說法，這也是生生世世累積的福報呢！否則，怎會這麼巧，遠從印度來台的老喇嘛剛好趕上爲母親送終？

我裝了一小瓶母親的七彩遺骨，大部分留給不許我全數帶走的弟弟。對我而言，一點點，足以讓母親跟著我去旅行。整整兩個月，完成我對母親的承諾，去朝聖。從新德里的雅木納河，溯流而上，到恆河再去菩提伽耶，然後去尼泊爾探訪傳法中的皈依師父堪布阿貝，再到不丹的布拿卡母子河。最後，回到恆河邊，日出與日落間，泛舟其上，在火辣辣的陽光裡，撒下母親遺骨，登上對岸的沙灘，裝回吸收千千萬萬人遺骨的恆河金剛沙。多年來，這一小瓶金剛沙，撫慰了許多彌留中的親友，最後一點點，昨天轉交給焦慮中的朋友。

經常有朋友問我，該如何面對瀕臨死亡的親友？常年駐居紐約的師父曾經告訴我，相信，是最重要的質素，信什麼都好，不必然一定相信佛，只要信，相信本身會帶來救贖，但這一點最難。若缺少信的質地，即便會念再多的經典，也毫無作用，連做善事累積的功德都比累積沉重的知識強。沒有功德，不會也無能相信。母親臨終送給我最後的一堂課，恰恰是相信。我雖距離學富五車非常遙遠，站在只有小學畢業的母親面前，想當然耳地頭頭是道，但她的相信，瞬間擊潰了我多年累積的知識堡壘。

如果臨終之人沒有信仰呢？如果是至親，或者是他最關注的人，信你所信，是他最後的依靠。

若是我的朋友，當然會建議念誦《金剛經》、《心經》或任何經典，甚至一句觀音咒也管用，如果你更信任具象的事物，那麼，誓願救度地獄眾生的地藏王菩薩，是最好的當下救星。其實，不管是什麼，信，一個字也成，不信，念再多也惘然。佛陀之所以要用八萬四千法門這樣的百貨公司任君挑選，便已是一面眾生投影的鏡像，我們貪婪所以多多益善，只要能吸引到你的注意力，有何不可？

如果你是基督徒，教堂是美麗的歸屬；如果你是回教徒，清眞寺有安撫你的經文。如果你沒有任何的信仰，卻又非常渴望精神慰藉，那麼，我建議你找自己願意相信的人，尋求一段堅定的依靠，幾句話，便能叫人解脫。無論如何，思索生死，顯然是人生不可迴避的禮物。直面，便能穿越；規避，便陷入無止盡的困境。

母親的死亡，是我人生最大的痛，卻又是最重要的一課。現在，朋友述說的死亡艱難，也讓我在她身上看見不可思議的曙光，於是，我說：「也許母親最在意的是你，她在等你，你放下，她也就放下了。」你能做的，就是讓她相信你所相信的，你的堅信不移，會讓臨終靈魂敏銳的她，有千百倍的感同身受。

帶著骨灰去不丹朝聖

擁有全然相信的福德。

母親彌留之際，我清晰地感受到那逐漸失去的生機，慢慢變成空殼子。

醫生來問我是否要打強心針，我問：「有用嗎？」醫生說：「可以拖延兩小時。」那爲何要打？想起母親曾說：「妳若敢在我進醫院昏迷期間，給我急救，我做鬼也不放過妳。」於是，我在弟弟拒絕簽字時，搶過切結書簽了名。

我在心中跟母親說，覺得她會聽見，從小到大我們相處時間不多，卻很神奇地像損友，關係緊密。承諾將帶著她的骨灰去旅行，如此便能在轉世前遨遊認路，彌補生前未能朝聖的遺憾。雖然我帶她去過香港，去了廣州、杭州，走了她這輩子最多的路，一路上，她很開心，辛苦但興致勃勃像個孩子，對一切好奇不已而忘了腿腳疼痛。我心疼她從小被嬌養，卻老大天眞地一無所有。人說女孩要嬌養，從母親身上，我看見了任何嬌養的遺患，純眞，是無知無能的另一面。我們累積的才能，來自於必須解決生活中層出不窮的困難，這是人世間的悖論，卻是眞相。

於是，我帶著她七彩如珍珠的漂亮骨灰，從印度、尼泊爾到不丹各聖地最後到印度的恆河邊，把最漂亮的最後一小片彩骨，乘木舟迎著朝陽默念一路好遊，丟入河中的瞬間，心若有感，她果然是愛旅行愛玩的。當下的身心頓然輕鬆，無法言喻，彷若她放過我了，呵呵！

有幸面見不丹第四任國王的長皇后時，除了帶我參觀她的私人佛堂，贈與我一本寫滿家族史的自傳，內容自然是神佛滿天飛，各有諸佛菩薩的化身傳承。妳無法在乎眞假，無從考證，但誰又會傻乎乎地較眞呢？

想起大選前，參觀首都議政廳，當時的議長很苦惱地表示，每次開會都很無聊，大半場神佛滿天飛，誰與誰的家族被證實是誰的轉世，所以便如何具備話語權，相互攀比不斷，直到剩下最後一點點時間，才留給立憲。若非有時間限制，大選在即，立法恐怕遙遙無期。這又是個在印度、西藏後，很難有正史的國度，幸而建國尚短，仍有跡可尋，只是祖宗不可考。

長皇后很貼心地讓祕書長帶我去不丹眞正的聖河，也是她的家族源起地，放下一片母親的遺骨。特別交代：「請不要張揚，免得那裡變成大家丟骨灰的地方。」我差點大笑，在這神佛聚集的國度，恐怕會造成一場場人潮災難，她說：「我可不想讓聖河被骨灰塡滿。」那種莫名被禮遇的驚訝，事後不得不聯想到母親精神力的強大。她派祕書長帶我去不丹聖河，這份祝福，滿滿地加持了我。

撇開這一路上不約而來的各路大師，自動送上門爲母親念誦往生咒，單單是沒有任何私人交情的不丹皇后忽然召見，並體貼地安排素宴與私密交談，便深覺母親「法力無邊」，不是，是念力凶悍。

小時候，沒有理財概念的母親，婚後才深感力不從心，雖擅長與人爲善，而把雜貨小生意經營與水果攤得風聲水起，後來還在西門町開了一家有數十員工的美髮美容院，客戶不是明星就是歌星或附近的舞女，賺了不少錢，父親不可靠，便自力更生養好習慣富足的自己。未料，沒有銀行存款的母親，就這樣把畢生盈利借給周遭親朋，而一去不復返。

母親也許沒有給自己累積生活的財富，卻擁有一份全然相信的福德，圓滿了自己的一生，同時祝福了我。

堪布老友的荼毗大典 Die to Live

遇見辯論大師的死生契闊。

接到印度長途電話的前一天，家中老爺睡午覺做了個奇怪的夢，一位胖胖黑黑長得像印度人的喇嘛，跑來跟他說再見，老爺怪道並不認識這人，怎麼會臨終跟自己告別？場景還算溫馨，是在一片綠油油的原野中，說要走的人也很安逸舒心，並無任何感傷之意。老爺醒來問我認識這樣的人嗎？我心裡咯噔一聲，纏綿病榻兩個月，他終於走了嗎？

電話中，我們暱稱阿姨的同修焦急大喊：「妳還不來？再不來，就要錯過荼毗大典了。」當時在電影公司管院線與會員兩個部門，每天要處理非常多的事，我甚至在很短的時間裡看完兩千部庫存電影，舉辦了十次主題性影展招待會員。在這種兩難的焦慮下，我毅然辭職飛去了新德里（New Delhi），再包車直達北面兩百七十公里外的德拉頓（Dehradun）師父創建的薩迦佛學院。不算遠，卻顛簸了六小時才抵達，塵土飛揚，我卻顧不上自己狼狽的樣子。

學院裡熟識的學生帶我去看置放遺體布滿花卉與薈供的佛堂，由於他是師父指派的現任校長，亦是薩迦兩位法王子的老師，因此享有禮遇。然後我又被領去見薩迦法王的佛母，她細述堪布在醫院期間拒絕止痛，煎熬了兩個月，他說：「我若無法在臨終時保持清醒，又有何資格去教我的學生們？」我無法自控地淚流不止，鬧得佛母不知如何安慰，而雙方都很尷尬，只好說：「抱歉！就是停不下來！不用理我。」

薩迦法王的歷代祖先們在元朝期間是藏區的掌權者，因此法王所在之地皆稱為皇宮，傳承至今未斷，小小王朝人數不多，卻有自己的嚴謹法教與禮儀。沒有繼承權的小法王子曾私下表示，從小就很羨慕戶外自由玩耍的小喇嘛們，誤以為想要自由就要穿上紅袈裟，因此在四歲被父親詢問穿白袍還是紅袍時，選擇了紅袍。穿白袍，代表要傳宗接代，延續小王朝的血脈。

三天在德拉頓，直到荼毗大典完成，我的淚水就沒停過。許多外籍學生們，紛紛前來慰問，把我當成了家屬之一，否則怎麼哭得比任何人都傷心。我自己也莫名奇妙，就是在面對生死之間的樣貌，有了奇怪的感應，並非極度地感傷，就只是像自來水的開關壞了似的，流不停。

一九八五年，我首度離開台灣，獨自飛行到香港轉機至加德滿都，拜會並皈依了薩迦學院創建者兼首任校長堪布阿貝，彼時，在瓦拉納希教因明學的堪布老友正巧放暑假去探望老師，他是堪布阿貝的第一批學生之一，據說，這批學生後來都成爲各佛學院搶手的教師。因爲創校者堅持除了必須完成的佛經九年教育外，亦邀請了西方學者前來任教，擴展跟世界接地氣的知識。也許那個年代教育資源匱乏，而讓所有人都很珍惜學習的機會，個頂個地努力成爲佼佼者，後來也有人到哈佛拿到了哲學博士學位，再返校任教。我躬逢其會地認識這群當代薩迦學子們，實在是很奇特的機遇，他們與我想像中的出家人不太一樣，更接近學者。

其中，據說堪布老友的因明學打遍天下無敵手，就連達賴喇嘛都會專程去聽他的辯經教學，直呼過癮。我也在後來見識過一場，達賴喇嘛不斷讚嘆的直觀熱鬧。

我聽不懂，只能看表情與手勢，圖個激情與感受。

話說，一九八五年首遇在加德滿都金剛瑜伽母聖地芭平小山丘的小寺廟，師父退休後常年閉關的地方。堪布老友成爲我的專屬翻譯官，山上幾乎沒有人，師父只有一位照顧他的侍者，然後就是非常稀有的訪客，譬如剛皈依的我，以及偶而出現的學生們。

於是，每天午餐在師父關房裡，一邊吃飯一邊講經說法，翻譯官很皮，翻譯一句，可以跟我辯論十句，直到我潰逃灑淚。也因爲這樣的刺激，向來暈腦懵懂的我忽然耳聰目明，隨時處於備戰狀態，師父都忍不住說：「妳到底從哪裡學來的這些知識？幸好妳不懂藏文，否則我們都要讓位了。」沒想到，表情不多的師父，也會調侃人，嚇我一跳。乖巧沒兩天，現學現賣，耐力不夠的我，又跟老友吵起來。師父說：「妳可眞愛辯論，可惜了，佛學院不收女學生。」後來，師父下山在加德滿都蓋了一座國際佛學院，男女兼收，只是我始終沒勇氣入學。

多年後，堪布老友來台看我，驚訝得口不擇言地問他：「你不是發誓絕對不來台灣這個罪惡之島嗎？」由於愈來愈多的佛教徒去尼泊爾撒錢，讓沉寂靜謐的修行寺院，逐漸變成熱鬧的觀光勝地，甚至變相地轉爲客棧，讓堪布老友深惡痛絕：「你們台灣人是破壞修行的惡魔！」把我氣得夠嗆。

回顧當年，我恰恰目睹了封閉的藏傳佛教，在達賴喇嘛出逃到印度後，忽然之間接觸到現代化生活，激盪出各種適應途中的怪現象，錢，從幫助變成隱藏的邪惡。許多從小進寺廟卻並未受過嚴謹教育的喇嘛們，披著袈裟四處化緣募款，只要拉得下臉口若懸河，轉眼成大師的亦比比皆是。既不需要熟讀經典，更沒有閉關修行驗證佛陀言教，就只是一襲袈裟，便能引出無限不勞而獲的資源。人性，是無法測試的。我亦會自問，處於同樣的時空，身無長物又沒受過教育，會不會做出同樣的事情？難怪許多大師們要呼籲，珍惜手中的捐贈，沒有足夠的認知，未必是你期待的布施功德。

後來我們共同的朋友告訴我，他得了癌症，發現已久，一直拒絕治療，這也是他最後決定違背原則來台灣的原因。除了瞠目結舌，腦袋空空，實在無法想像這是怎麼回事。

這麼優秀的一位學者，師父還在，你怎麼就挺不下去了呢？

想起認識多年的點滴，亦師亦友，彼此言談百無禁忌，直來直往，從來不閃避任何議題，有話就說。說來簡單，事實上，仔細想來，這世界上有那麼多人，能找出幾個可以還要願意跟你打直球說話的？除了他始終沒有親口說，他病了，而且很嚴重，無法治癒。

火化，是一種特別的經歷。看著那些看不懂的儀軌行進中，若抽離若攝入地，避無可避地直面死亡，又探索了生之氣息。那是種想說又不想說的感覺，清楚地知道許多看不見的事物，活動著，漂浮著，遊走著，跟自己相關又不相關，無所從來卻又處處是痕跡，摸不到抓不著，卻仿若自己有一隻看不見的眼睛，看到了平時沒看到的種種。

忽然想起，他曾說過，不想活太久。當時，以爲他隨意說笑，因爲善詭辯的他，從來只抓語病，不論事實。他說：「辯論的弔詭，在於實相之外，你以爲的事實，並不必然是事實，若緊抓不放，你永遠不可能超越辯論。」這話說得我暈乎乎的，像說謊又不是說謊，所以，要先學會說謊嗎？但我知道他是十分嚴謹的人，近乎吹毛求疵，沒可能說謊。所以，這又落入了語言的陷阱，腦漿被擠成糨糊，也許還能重新整頓一下。若說這是無意義的語言之爭，又錯了。在實修的境界裡，沒有清晰的邏輯辯思，很可能會在某個入定的時空，把自己逼瘋，而錯亂了眞實與虛幻。這也是佛學院九年經典教育後，需要閉關實修至少三年，才能拿到畢業學位的原因。經典教育，並非只有文字，而必須實證。

他用自己的死亡過程，親身體驗多年的辯證，清楚地感知身體細胞的每個變化，這項實證，超越關房裡的修行，如人飲水，只有自己明白，旁人只看到他的痛，非常人能忍受。

我深深地感謝，曾經擁有這樣一位朋友，雖死猶生。

衆多佛經濃縮成一本《金剛經》，賦予我認知，宇宙的浩瀚，可見可無視卻又隨處可見，如是知，如是見，如是信解，彷若無邊界無止盡的擁有，不生法相，隨風逝去，了無遺憾。

第二章

紀念知交故友們

一心只認眞做一件事

紀念美籍阿尼落卓 Ani Lodro Palmo，百無禁忌裡翱翔著傳承律法。

她走了。

世界上有幾十億人，卻總會來來回回地遇見幾個人，突破挑戰自我的認知，一再顚覆臨界點，看似惡意，卻最終成爲解放的自由，而 Ani Lodro 是我遇到的首位天使。她有一雙翱翔的翅膀，我們看不見。

一九八九年在香港遇見她，胖嘟嘟的笑臉跟我打招呼，正在等候跟頂果欽哲法王領受菩薩戒的我，以爲這就是翻譯，因爲她說：「哎呀！妳好幸運，只有妳一個人哪！」傻呼呼看著空蕩蕩的佛堂，有點心慌慌，肉肉白白粉粉的臉頰，大眼睛亮亮地純淨，於我是莫大的安慰：「妳不幫我翻譯嗎？我藏文不好，可能會聽不懂。」

她笑得瞇成兩道彎月：「別擔心，妳有更好的翻譯，我不夠格。」可她明明手上拿著經文，很熟練地讀著。而我，對於她的恩師頂果法王，一無所知。

受戒後，再見面，便是一九九二年在不丹舉行的荼毗大典，師父從高大巨人變成小小的乾燥遺體（旅遊一年供信徒瞻仰而必須用海鹽脫水保存），而她，仍然笑咪咪地，遞給我幾粒雜色粗鹽，命我立即吞嚥，然後巧笑嫣然地告訴我：「這是師父遺體上剝下來的鹽喔！」若非她笑得這樣自然歡快，我可能當場嚇暈，仍恐慌了好幾天，心裡萬馬奔騰著各種病菌。

心慌慌！一直是我接觸藏傳佛教三十多年來的心境。各種各樣的心慌慌。而在往後的歲月裡，幾度嚴重心慌慌，都恰巧看著這張擁有一對長長月牙嫩臉的坦然。是的，她始終坦然，無論周遭有多少的閒言碎語，甚至，她也可以幫你加油添醋地一起八卦，完全不在乎身穿袈裟的拘束，你想怎麼說，她奉陪到底。多年相處過後，無論是否有戒律在身，都會羨慕她的無所顧忌。

袈裟，對她而言，就是件制服，她穿著舒服，就這麼一直穿下去了。她婉拒因爲這身袈裟而來的「紅包」，華人的供養慣性，對這位美國出生長大的阿尼而言，很稀奇。她來自家境殷實的基督教家庭，專修美術，因學習唐卡而遊學印度，皈依師父後，放棄一切出家了，專注學習藏文，直接鑽入經典裡，不管不顧人間幾何，甚至進入渺無人跡的雪洞十二年，她的同修因此揚名立萬，她維持默默無名，不張揚不宣教甚至有點遊戲人間，她甚至不運用專精的藏文，來維持自己生活的基本需求，完全仰賴「隨遇而安」，手裡無積蓄存款。有時，難免猜測她的現代學歷，終究對她有何意義？

任性地隨遇而安，來自專注的虔誠，還是膽大妄爲？

我曾經問她，爲何不寫本書，記錄自己出家閉關的經歷？以她顯赫的背景，和口若懸河愛說故事的個性，在西方世界揚名立萬太容易了，很難想像，至今網頁上沒有她的任何蹤跡。她哈哈大笑：「這是我的戒律。」當場震驚地想問：「妳有戒律？」轉瞬明白，是的，她有，只是我們視而不見地忽略了。因爲戒律，她曾放棄自己最愛的繪畫。

師父的荼毗大典後，我接到她從香港打來的電話，返美前需要過境台北一周，問我是否方便借住，我很高興地開車去機場接她回家，這一住，就是半年，而且我變成了她的專屬司機，經常隨時差遣我接送，且隨意邀約乘客，我的小車子裡曾經被她塞進八人，滿臉黑線地忍受著她的任性，直到我自己離家出走。

在羅斯福路狀元及第二十六樓的樓中樓公寓裡，我住在閣樓，樓下有主客房、書房與茶室，都被她拿來邀請客人入住，且完全忘記我是屋主，澳洲、英國客人來訪當天，才通知我，且因爲她需要我當司機去接機。此外，她嫌棄我家的飲用水沒有過濾，大米讓她健康受損，我做菜的方式讓她無法消化等等，我感覺自己像個不合格的幫傭，而非屋主。

當然，每次快要瀕臨崩潰之時，她總能說個故事來讓我豁然開朗，所有的不愉快皆煙消雲散。她不收紅包，但消磨我的費用，遠遠高出紅包。如今，我深感榮幸，她選擇了折磨我。

很久很久以後，我才知道，早在佛陀時代，就有過濾飲用水而避免殺生這樣的僧團生活慣性，而糧食類麩質過敏也是近年才發現的醫學根據，中式熱炒破壞油脂早成人體傷害，也都是新近醫學認知。阿尼在喜瑪拉亞山區遊蕩數十年，認知，遠遠超前我們自認生活在文明生活區域的人。

說到底，這世界上能夠讓妳心甘情願被折磨的人，僅此一兩人。妳心知肚明，她那滿滿純淨的笑容，無價。而她毫無底線的無數個故事，更是超越了許多經典的閱讀，我何其有幸地，一而再再而三聆聽著她的聒噪不休。

如此張揚的個性，卻把自己眞正專精的繪畫與藏文掩藏得如此嚴密，終日像個無所事事的流浪漢，到處八卦，除非妳日夜跟她相處，才知道她每天有固定的獨處時間，讀經修法，從不間斷，彼時，她是另外一個人，在自己的世界裡，嚴謹而更加地坦然。坦然，是她的狀態，無時無刻。歡愉與困境，健康與病痛，對她而言，無二無別，隨時笑得像嬰兒，純粹地純淨。就算她在找茬，你都無法在她臉上找出一絲絲的爲難，然後忘記了那茬。仿若這世界上發生任何事，都不過是一場戲法，隨順時空而消散著，來來去去不落塵，唯有師父的話語，才能讓她滔滔不絕地認眞對待。

定義什麼是佛教徒這件事，我在阿尼身上看到了有趣的畫面，掃蕩了所有的定義，只剩下師徒間的約定。如果你的師父是佛陀，經典就是約定，如果你把師父當成佛陀，那麼上師言教就是約定。阿尼所有的認眞與不認眞，都化成了言行無稽的自由自在，只剩下沉浸其中的言教。她的隨隨便便，都在那嚴謹的守戒裡化爲無影無形，我只有在她說到上師時才會看到她收起笑臉，那變臉的速度，堪稱經典。

每個人的承受力是有限的，阿尼周遊列國，交友無數，亦師亦友地叨擾著她想叨擾的人，偏偏不讓自己成爲Somebody，其實只要她願意，所有檯面上的大上師都能被她打敗，尤其她又能如此放得下，且很願意討好任何人。這份堅持，終於讓我明白了，做爲出家人的自我戒律，她以荒誕戲耍的方式，完成了這份約定。我甚至以爲，她每日無論是否忙碌勞累堅持下來的誦經，功德福報都默默地分享給了我們，一群被叨擾莫名入圈的「家人」。

一生中遇見過這樣的一位出家人，也算三生有幸。「出家」兩個字，可以翻譯爲走出自己的家，走入別人家，然後，家的界限模糊乃至消失。

我很可恥地懊悔，當年沒有好好招待她，甚至生氣她隨意蹧蹋我的善意，不想趕走她而自己離家出走。若我能更認眞些，就能看到她閃閃發光的戒心，受惠無窮，而非在她走後才放馬後砲。

歲月磨礪出通透潤澤的友誼

汪珏與蘇珊四十年中德文學聯手翻譯，滋養默契裡的生命能量水。

友誼若長久，便如家人，吵吵鬧鬧一輩子，卻愈來愈血濃於水。

記得寶雍千里迢迢去珠海探望養病中的曹又方，我們五人一起租車，遊逛廣東八座城市，這兩位相交半輩子的老友，竟跟我這新來乍到的小友告狀：「愈老愈不講理，毛病愈來愈多。」然而，雙方的理由，其實都是出於「過度」關心，變成了擔憂。我聽著聽著，沒聽到吵架，卻收到滿耳朵的親情。

我的朋友，從幼兒到長一代二代的都有，既有省吃儉用隱匿山間爬文的窮而不酸，亦有收藏世界名牌與經典工藝但富而不驕，彼此初見亦不違和，瞬間坦誠相交，且持續多年未斷直至一方老死。即便斯人已逝，友誼，依然在朋友間延續，仿若那說再見之人並未離去，遇上好吃好看的，都會想起老友的一顰一笑。

有許多忘年交，因曹又方相聚至今，如朱寶雍與汪珏。我已耳順，她們的年紀與資歷做我長輩綽綽有餘，卻彼此像同班同學一樣直呼其名，順口得完全不需要掙扎，輩分，對這些半世紀前的職業婦女是負累。而寶雍的燒陶與汪珏的創意首飾副業，可以做得變成博物館收藏等級，默默享譽國際，自己謙稱玩玩而已，從未掛嘴邊，也不許我簡單介紹給新朋友，因爲她們認定玩就是玩，非專業便不足以給自己扣上頭銜，是朋友，自然會知道，不需要由旁人的口中吹噓，自己更是絕口不提。

汪珏與蘇珊從一九八〇年到今日的友誼，亦屬偶遇忘年交，兩人相差十五歲，德國人蘇珊去華人汪珏的德國辦公室應徵雇員，一見如故。從此建立了長達四十年的翻譯情，將中文名著翻譯成德文，汪珏做初階，蘇珊做潤飾，雙方的學霸丈夫，亦同時當聽衆參與專有名詞的精修篩選。工作雖耗心耗力又耗時，卻一起玩得相當開心。這份鮮少有人能夠擔當的兼差，也讓鄭樹森、馬悅然、陳文芬成爲私交匪淺的朋友，可謂往來無白丁。

歲月讓彼此信任尊重的友誼增長成親人，共同一再整理翻譯細節期間，互相抓頭髮，一起去游泳池裡泡水聊工作內容，反覆斟酌用詞，把工作當娛樂，邊玩邊做，比親人還有默契地親暱。兩人合作，先後翻譯了白先勇、張賢亮（雜誌）、莫言、楊牧（北方散文）、沈從文、楊牧詩集、張愛玲等著作。

一九八九至一九九四年間，蘇珊曾任臺大外文系副教授德文，中文水平亦不弱，已逝著名畫家楚戈與蘇珊丈夫何艮得，因爲汪珏，亦成繪畫的玩伴。這份交誼網，慢慢編織成上代人的文藝情。

我有幸認識這麼多資深文青，完全來自曹又方對我的偏愛。她總跟至交與朋友般的姪女說我像她。像她的什麼呢？不是好事，是脾氣古怪。乍聽之下，其實，我也沒聽出所以然，曹的古怪，我其實望塵莫及，卻眞是欣賞。我沒有她的知識淵博與心胸開闊，我更沒有她的魄力，且能雅又能俗，還能大著嗓門罵別人俗氣時，同時容納俗氣的人事物。

每個時代都有特定的人物，吸引人注目。曹又方算是個人物，在圓神出版開創新局的年代，風風光光地一覽全局，囊括了各方位創作者，有學者有企業家有世界名著，甚至引進了胡因夢的New Age新思潮。剛認識時，我以爲她是個犀利的女強人，卻是個抵死不讓步的「外貌」協會成員。直到一起看電影，一次又一次地，我才發現學歷不驚人的曹又方，文學根底深厚，簡直到了如數家珍的地步。我不能不懷疑，戀愛史豐富的她，也許，也在男人身上汲取了相當養分，而不僅僅是風花雪月而已。

西門町電影街的玉米冰、石鍋飯、海鮮米粉與鴨肉扁等，是曹又方帶我去吃的觀影後牙祭。我唯一明確知道的兩人共同點，是嘴叼卻愛小食。曹又方跟朋友說我最有吃德，懂吃能做飯卻不挑嘴，什麼東西都可以下肚，長了橡皮肚。曹又方在吃食上是恐怖分子，再餓，也不吃難吃東西，曾經因此得罪不少人。所謂難吃，我十多年觀察結論，其實很簡單，很少人知道曹對鄰居的魷魚羹讚不絕口，卻對收費每人萬元的宴席嗤之以鼻。她的話很經典：「收多少錢不是問題，可是你配嗎？」她的標準也很原始：「魚是魚，蝦是蝦，別亂整。最恨沒頭沒腦的創意，分子料理是人吃的嗎？」她的「毛病」，親友盡知無人見怪，如果你經常去她家吃飯，標準就在那兒，不奢華，但味道實在。

有回曹又方忽然想吃蔥油餅，我那人人讚賞的烙餅工夫便癢了起來，亢奮地忘記思考她一再強調：「總沒找到對的！」而自我推薦：「明天做給你！」

我濃重地在燙麵裡加了許多芝麻，香噴噴熱騰騰地送上門，曹咬了一口吐出來：「呸！死麵！蔥油餅幹嘛放芝麻？」我著急得忘記醒麵才烙。翌日，照顧曹姐的郭小姐問我：「曹小姐跟你道歉沒？」我傻愣愣地說：「幹嘛道歉？」郭小姐說：「哎呀！你昨天一走我就讓她給你道歉，她沒打電話給你嗎？」當然沒有。哈哈！我其實很想笑，但若換作別人這麼吐出我辛苦做的烙餅，當然要生氣，正像汪珏說的：「我就是要偏心！」我理解她，正如她跟別人說她理解我一樣。

曹又方離開人間八年了，我不再悄悄地抹淚，卻仍然愈來愈想念。看到好風景，總想著，她會喜歡，吃到好吃的，總希望她也能一起品評。但是，我還有寶雍，還有汪珏，還有光妹，照樣一起吃一起追憶曹又方，如同汪珏與蘇珊一樣，一開始是因爲工作，後來，工作成爲見面相處的理由。至於，那些什麼名著，誰又眞正在乎呢？

面冷心若爐火燒

面冷心若爐火燒，步步回首萬里情。

曹又方逝世十五周年後，我獨自飛行兩小時抵達濟州，即時體驗海鮮、黑豬與大醬風味餐，以及特別溫柔體貼的濟州島民服務。這裡人說話軟綿綿，動作慢吞吞，語言不通也能很隨意地解決難題，很意外地神奇，仿若春風拂柳般暖心。英文雖不如首爾普遍流利，然態度好效率佳，一點也不耽誤需求，立刻賓至如歸的感受，讓人很有安全感。

凌晨早班飛機，等候下午開房前，沿著海岸觀景喝咖啡，發現會好好享受的多半是女人，精緻裝扮慢食早午餐，在如此偏僻遙遠的島上，散發著歐洲殖民地風情，餐具精細多樣，環境採光明亮而綠意盎然。就是咖啡歐雷端上來時，為何盤底多一層鐵盤？韓國人對金屬餐具是有多執著？吃海鮮去殼時，那沉重的金屬筷子，都快把我搞得手抽筋了。忽然想起，好像曹姐說過，去韓國必須自備日式輕巧筷子，要竹製扁方尖頭，最討厭圓形象牙筷，簡直是不讓人吃飯的富貴宴。

那年頻繁往返北京拍攝紀錄片，曹又方忽然心臟劇痛入院，上飛機前去看她，面色蒼白近乎透明，光華如故，絮絮叨叨地抱怨醫院的可怕，想盡快逃離，可惜要等開刀，她說：「我很快就能出院，一出去就帶妳去濟州島，那裡有最好吃的東北菜。」那是母親的味道，自十三歲後，她念念不忘，世界上不會有更好吃的食物，除了母親手作家常菜。看她興致勃勃地念叨旅行，裝支架小手術應該會順利吧！

記得愈來愈難買到酸白菜後，曹又方口述讓照顧她的郭小姐壓罈醃白菜，自己跑去北海岸抱回大石頭洗了又洗，廚藝被曹姐千錘百鍊過的郭小姐，失敗多次後，終於，我接到電話去吃火鍋，酸白菜像樣了，她說。市面上並非沒有酸白菜，只是不夠酸，且沒有蔬菜該有的甘香氣。有種酸味，開罈讓人欣喜，垂涎不已，胃口大開，長期病懨懨的人，最需要這種氣味的鼓勵。郭小姐的耐力與心細，跟曹姐的挑剔潔癖，共同構築了精準的氣味饗宴。曹府餐桌，家常得每道菜都不會有偏差，該是什麼味兒，就是什麼味兒，她的口頭禪：「不要搞怪，最恨創意料理，那是人吃的嗎？」

有回曹又方忽然打電話嚷嚷：「哪裡買得到蔥油餅啊？好想吃啊！」立即欣然回應：「我做給妳吃，馬上，半小時後送去妳家。」被婆婆訓練多年，自認玩麵粉得心應手，經常散步便帶兩包麵粉回家，超級療癒的廚房遊戲，也因此常備著作料。興沖沖地冷燙和麵加蔥花，然後狠狠地放滿最喜歡的芝麻，烙得焦黃酥脆，熱騰騰地送上門，曹女士迫不急待地打開烘培紙，狠咬一口，未停留一秒地吐出來：「呸！死麵！妳幹嘛放芝麻啊？誰家的蔥油餅裡有芝麻？」郭小姐趕緊接過去嘗一口：「挺香的呀！」

我再也不敢自作聰明給曹女士做吃的了。

翌日，大家每人一道半生熟菜地上門，每月都有的盛會，郭小姐一看到我就問：「曹小姐跟妳道歉了嗎？」「爲何要道歉？」「啊？她答應我要跟妳道歉的，怎麼可以這樣？」啊！我根本不介意，她若眞道歉反而尷尬，但明白她會用別的體貼方式來取代道歉，也就不算食言。

因爲她的挑食，我搞懂了老麵與醒麵的意義。對於我這種嘉義出生台北成長的戰後中生代，麵食只有上館子才會接觸，平時最多有客上門吃水餃，就連鍋貼也是步入老年才學會生煎。即便是水餃，曹小姐也有基本講究，麵團現和麵皮手擀，肉菜餡比例必須精準，配菜隨季節變化，最喜歡超難包的番茄餡與瓠瓜餡，生煎必須底有焦香面皮鬆軟。總而言之，她只吃家常菜，卻把家常菜搞成了筵席才能有的講究。

雖說家裡經常聚餐，各自隨意，人手一最愛，不拘南北，但有可能半數以上的菜餚，很難得到曹小姐那雙精貴筷子的臨幸，這是我初期觀察的判論。直到我們經常一起看電影，順便吃個便飯，然後就也順便參與她的大宴小酌，有天，走在半路上，非午非晚的，她突然興起，帶我鑽進小巷旁大樹下老攤子，一屁股坐下：「魷魚羹！」老闆接口：「不要香菜不要辣，對吧！」曹姐評價：「這家魷魚羹，乾淨、味道直接，沒有爛七八糟的東西。」印象中，她特別討厭吃羹，震驚不已的我，入口便明白她的意思，滿嘴清爽純粹又不失濃郁，原來如此。後來，我自己動手做了幾次羹，才發現食材必須分開處理，火候掌控精細，看著簡單，一不小心容易失手。

曹小姐並非挑食，只是挑嘴。

有天接到胡因夢電話：「我再也不要跟曹又方一起吃飯了！」她又怎麼了？「人均萬元（二十年前）一大桌子人，她從頭到尾臭著臉，最後上甜點，她拿著刀叉，一邊撥一邊說：『這是人吃的嗎？』我都想逃走了。」哈哈哈哈哈！作怪的創意，那年剛出現的分子料理，貴得驚人，也把曹小姐氣得夠嗆：「好好的東西，不會做了，就愛搞怪，難吃死了，還賣這麼貴。什麼創意，根本就是糟蹋糧食。」好吃不過家常，美味不過肚子餓，她可以對著滿桌佳餚邊喊肚子餓邊嫌棄，一點也沒有做客人的自覺，愣是不動一筷子。她說：「看著是什麼就該是什麼，味道也別隨便篡改，好吃的東西早就傳承幾百年，沒事隨便亂改就是沒本事做好，做得好根本不需要創意。」她心目中最好的味道，是母親手裡的老麵與發酵調味料，純天然手作，食材當季，很簡單很容易很便宜，卻好吃得讓人經年思念不忘。

分子食物是未來食物，本就不是給人吃的，是給未來饑荒時救苦救難，不知被哪個天才提前端上桌，美美地賣成了米其林盛宴，價格更是米其林中的米其林。在曹小姐的眼裡，食物不分貴賤，每種食材都會有自己的好吃味道，就看會不會做，與是否昂貴或便宜無關。

我們最後一起旅行，是曹又方帶著老友龔遵慈、朱寶雍與我，還有從小相依的上海姪女，包車吃遍廣東八大城市，途中遇見發大水，幾乎是被暴雨追著跑，仍不改吃興地一站站吃過去。她說：「廣東人最願意爲吃下工夫，不取巧，只取眞味，就是好吃。」難得一誇就誇一片，廣東人榮幸啊！這是除了母親之外的第一誇。

猶記得首度與曹姐出遊，就是一團三十五人，往來無白丁，團員來自湖四海。正是這回從昆明、麗江、香格里拉、瀘沽湖到大理的雲南遊，我認識了她的閨密老友，在柏克萊教書四十年的朱寶雍，把經典著作如張愛玲、白先勇、楊牧等翻譯成德文的線裝書專家汪珏，從家庭主婦轉業成國際拍賣等級的珠寶設計師龔遵慈，還有做菜如畫味覺頂級的畫家趙明強，其他團員有名見經傳的豪門貴婦們。可以想見，有膽識組織這群人同遊十天是如此的不容易，單單是訂機票問英文名，就可以輾轉祕書、助理之類地周折好幾天，曹小姐大呼再也不幹了。當然，人人是老大，最大大不過曹小姐，一路吃喝住乖乖安分配合，沒人敢廢話。印象最深刻的是剛到瀘沽湖，入住當年最好的客棧，各自拿了房鑰匙，整排人開門進門瞬間逃出來，齊齊轉頭，看見曹又方大馬金刀地站在走廊頭，看著大家不發一語。房間潮濕，牆壁發霉，棉被濕得非常沉重。我們默默地迅速回到房間，穿著衣服忍一夜，翌日相對無事地繼續下個行程。自此，我對曹又方的嘆服拔高好幾丈。當然，雲南遊還是為了吃，儘管已盡量安排當地最好的飯店，但必須好吃是關鍵，也安撫了忽上忽下的住宿品質。

想起第一次上曹姐家吃飯，進門便聽到非常熟悉的音樂卻想不起來是什麼，她軟綿綿躺在沙發上：「妳記得是哪部電影的配樂嗎？我是因為看到妳的影評，才請妳吃飯的。」啊！《永遠的一天》，我最愛的導演Angelopoulos總讓人淚流滿地如詩如畫，尤其是他的經典配樂，部部貼切入骨，哀傷卻美得靈魂出竅。

我始終記得有回一起看《時時刻刻》，被妮可基嫚一句：「It's not really mattered.」撞擊得淚流到影片結束觀眾紛紛離席，曹姐仍老神在在地坐在位置上，既不安慰也不看我一眼，沉默地等到我啜泣完眼淚鼻涕擦乾淨，才站起來，完全無視我的狼狽。按照慣性，我們總會在散場後吃點喝點，這次她卻陪著我邊走邊說起了妮可基嫚飾演的維吉尼亞伍爾芙，如數家珍地陳述伍爾芙生平與著作，以及她對女性作家的影響力。我很感謝她的老辣周到，沒有好奇追問或無意義地關注我的淚水。

下一站，我該去布達佩斯，繼續尋味曹又方嗎？那是她玩遍全世界後，最喜歡的城市。美得讓人發呆，也不會覺得浪費時間。

跟孟東籬一樣，曹又方也隱晦地關注我的信仰，有天終於忍無可忍地問：「妳是佛教徒嗎？妳覺得佛教是什麼？哪種佛教算是正教？達賴喇嘛的教是佛教嗎？」嗯！眞是難回答，因爲問的人是曹又方。我很耍賴地說：「我念華興的時候受過洗，算是基督徒喔！後來認識了藏傳佛教的老師，所以現在是佛教徒，我也認識很多佛光山的法師，所以對教派不敏感，感覺沒差別。」她詫異地問：「那妳這樣不算叛教嗎？」不算吧！我讀過新舊約聖經好幾次，也讀過一些佛經，對我而言，沒衝突啊！我都能接受。這答覆，讓她徹底無語好久，然後又很機智地問：「我怎麼覺得妳跟西藏人特別親近呢？」哦！是說我常跑落後地區嗎？或者她就是很敏銳，而我卻不願多說。欠著這份答案，但願我們有緣通過中陰身再見，彼時妳自己就會有更合適的答案。

眞誠者擁有更多的眞誠

老孟的發乎情止乎禮，赤裸裸地坦蕩，不怕死但貪生，生命美好、女人美好，教人戀戀不捨。

送走老孟，大家「歡聚」醫院地下室的靈堂，我沉默地坐在棺材旁的板凳上，在七嘴八舌高聲暢談孟東籬趣事裡，想著去醫院看到的最後一眼，老孟萬年不變的微笑，獨特的清澈，仿若一眼明明白白，乾淨得透明，卻叫人扎心，相對無言，我們沒有互相安慰，就這麼微笑著安靜地用眼神說再見。

那年陪同遠客去花蓮探訪慈濟，自美返台的大伯要我順道去看望住在海邊的孟東籬，他說：「妳該認識他！是我爲數不多的朋友之一，去了就知道。」於是，帶著滿滿的好奇，看到緊閉竹屋門扉外掛著書寫「內有色狼，擅闖者，後果自負！」

木牌，我猶豫了，看了又看，決定轉身逃走，門卻開了。

屋子不高，主人卻像冒頭竹竿一樣地彎腰出現：「找我嗎？」清澈如嬰兒的眼神，柔軟如囈語的聲音，如春風拂柳般掃過當下的忐忑，我冒失地問：「你幹嘛在門口掛內有色狼？」他溫和地笑了：「我就是啊！」「你打算嚇誰啊？」「訪客太多，就嚇嚇膽小的，敢進來，我就敢接待。」那我正好要被嚇走呢！畢竟是後果自負，一個不注意，豈不是自找苦吃？誰知道屋裡住著什麼樣的怪人？畢竟，我大伯也自認朋友不多，個性亦屬古怪類，他也走了，讓我腹誹一下。

參觀完沒有冰箱沒有收納櫥櫃卻放置著眺望大海的鋼琴的廚房，隨便擺放的蔬果與調料，仿若油畫般地不隨便，我大驚小怪地嚷嚷：「你好奢侈啊！」他淡然微笑表示：「我還有更奢侈的浴室與廁所呢！要看嗎？」走出廚房，隨意裝點草皮與野花的小園林，一座不平整的無門竹圍屏風裡，看似很隨便地挖了小池塘，「那是我的澡缸！」面向大海。「你不怕被人看到你在洗澡啊？」「怕什麼？隨便看，妳若喜歡，也可以加入。」

從此，我們開啓了沒大沒小的鬥嘴相處模式。

曹又方經常拎上我去看老孟，自從他搬到陽明山平等里後，那時身邊有自稱書童的美玲，無論晴天雨後，隨時上門，屋前屋後的地板永遠乾淨得亮閃閃，主人從不讓客人脫鞋換鞋，心裡又忍不住腹誹維持清潔者的辛苦。廚房仍然沒有冰箱沒有儲物櫃，蔬果菜籃調味料，一目了然，亦如詩如畫，像隨意卻又刻意地引人注目。然後，一碗蔬菜掛麵，或者蒸茄子蒸筍，最多去門外牆上摘幾片川七，就打發我們了。端上桌被嫌棄，入口後才驚歎：「一點油水都沒有，怎麼會這麼好吃？你怎麼做的？」老孟掛著招牌式的淡然微笑：「哼！就不告訴妳！」想吃，必須上山去看他。

在熱鬧中，誤以爲他怕冷清寂寞，後來發現他其實非常享受孤獨，甚至連脾氣最好最安靜體貼的美玲，也經常被趕下山，自我關閉幾個月後，才又重出江湖。老孟規定自己每天上午翻譯三千字，下午出去玩，絕不多寫，催也沒用，堅持好心情才能出好文字。

有回去曹又方家聚餐前，順道去敦南誠品，看到老孟翻譯的《屈辱》（*Disgrace*），便站著看完了整本書，愈看愈覺得書裡布滿了老孟的影子，不知不覺就一口氣看完，暈乎乎地走進曹家盛宴，滿屋子人聲鼎沸裡矗立著竹竿似的老孟，我跑過去大喊：「剛剛在誠品看完你的《屈辱》，看完了，就沒有買。」老孟似笑非笑地說：「這眞是我的屈辱！」啊！我可是站著看完的，我很少一口氣看完一本書，根本就是掀開便放不下手了。文字精鍊，譯者與作者合而爲一，徹底融入，感覺那就是他自己身歷其境，令人徘徊不已。難怪，老孟要嚴格執行每日不超過三千字的工作量。

飯後散步，是老孟的固定遊戲時光，順便拾荒。每次打開家門，都會有不同的風貌。沒有衣櫥，枯木可以成衣架；竹枝與朽木，被雕琢成美麗的攜帶型環保筷；路邊的野花與破銅爛鐵，成爲室內裝置藝術。空間不大，卻予人寬敞舒適的視覺饗宴，且回回都有迥然另類格局，讓人一再回眸，甚至各自返家仍留戀著那獨特寂靜的風情。

「念萱，妳的書都被我燒了，抱歉！我連自己的書都燒光光，一本不留。」老孟表示，一年清理一次，讀過用不上的都燒掉。難怪，他能維繫獨特自然芬芳的清新居住環境，還能日日隨興妝點。捨不得扔，無用卻占著茅坑，的確是會把房子愈住愈像儲藏室。

有回老孟興奮地邀請大家飯後去泡野泉：「我在附近找到無人野泉，藏在森林裡，溫度剛好，水清澈，去吧！大家都去！」我才不去，老孟說：「怕什麼？我都隨便讓妳看，小氣鬼！」我說：「身材不好才不給人看！免得辣眼睛。」老孟「哼」口頭禪：「看了才知道，先檢查一下。」這種孟式調戲，出口成章，隨時隨地，卻很少人感覺被冒犯，我發現孟式的嬰兒般清澈眼神非常俱有欺騙性。眾人都說老孟好色，他也自稱是色狼，我給他的封號是平等里賈寶玉，情意滿滿，卻發乎情止乎禮，享受色之情，絕不跨越冒犯的底線。

老孟給自己每月下山兩次的配額，看戲看電影尋小食，或跟一場示威遊行。長期不吃動物，但並非為信仰，因此忌諱不多，尤其喜歡韭菜大蒜，盒子或水餃是常見飲食，掛麵為方便而經常出現在餐桌上。跟老孟約飯，地點多半在夜市或菜市場周邊，身無幾兩銀，卻總是紳士地去結帳，動作自然瀟灑，彷若天經地義，他總說我寫稿太拚命，給我省點錢。有天忍無可忍，我慎重地說：「老孟，我比你有錢，我的朋友們更有錢，以後吃飯都是我買單，不用搶，我跟朋友吃飯，都是別人買單。」老孟很放心地：「哦！好吧！」後來的後來，我很開心他坦然地履行諾言。柔軟地直來直往，沒有廢話。

說到好色，偶而接到老孟的電話，談到給前妻修房子，給小兒零用錢，對第二任妻子心懷愧疚，但拿自己沒辦法：「我就是喜歡被女人圍繞。」我說：「你是蕾絲邊！」啥意思？「就是女同志！」我是男的呀！「你是愛女人的女人！」啊！哈哈哈！原來如此。

胡因夢跟曹又方一樣，經常想起來便上山看望老孟，散步啃饅頭吃蒸菜，溯溪賞花拾荒，胡因夢經常說老孟很會過日子，而曹又方說很想跟老孟一起過日子。胡因夢曾說：「老孟就是動口不會動手的真君子，我給過他機會的，不知道是不是太膽小，一點沒踰矩。」嗯嗯！話說愛動口的老孟，大概最享受的就是挑逗美女的過程，似乎怎麼收尾一點也不重要，過程愈久愈有滋味，繞梁不已。婚姻，在他們眼中，應該是個屁吧！(曹又方口頭禪)，胡因夢曾說，一群看得順眼的人住在一起，自在，又有伴，不需要用責任來彼此羈絆，應該是晚年最好的生活吧！

很難想像，我也有被老孟激怒的時候，他打電話來說最近在看六祖壇經，問我有什麼推薦，只要看得進去，什麼佛經對我來說都一樣，但若沒有傳承，就不會有真正的信仰，僅止於知識上的滿足。辯論兩小時，電話都要發燒了，幸好當年還沒有手機，否則耳朵都該去看診。最後，是我怒氣沖沖地掛斷電話，懊惱了兩個月。

至今，我欠你一個說法。什麼是信仰？說難不難，拿我母親做例子，她什麼都相信，你敢說她就敢信。然而，讀過東西方哲學與佛經聖經道德經，然後抽絲剝繭地講道理，了無牽掛，這樣會有信仰嗎？老孟很機智地問：「妳相信的是什麼？」

看著躺在病床上，乾淨得奇特的老孟，我在心裡說：「放心吧！無論有沒有信仰，你都能好好的。」我還是欠著一個說法，到底什麼是信仰，答案不在我這裡，在自己的一方天地，我無法也不願擅闖。想起彼時電話裡，他很生氣地問：「妳爲什麼不肯說？」我不是不肯，而是說了徒增煩惱，不如自己的體悟，而我眼中的老孟，終歸能找到屬於自己的心甘情願。信仰，若非心甘情願，就是浩劫。老孟始終如一個清透眼神，讓人放心，我相信。

老孟身邊圍繞著各種階層的男女老少，不問出身，只看是否順眼，而看他很順眼的人，許許多多。有回大伯上山探望老孟後回家，憤憤不平地嚷嚷：「爲何胡因夢可以跟老孟勾肩搭背，卻與我們保持距離？」我忍不住大笑，不可言傳啊！雖知道原因，但太得罪人的話說不出口。有些男人就是舉止猥褻得嚇人，而老孟偏偏有本事如賈寶玉般男女通吃，基本上他就是帶著女兒心地讓人放心。

無垢劇場的生死《醮》再生《花神祭》

林麗珍老師的童年反芻，中陰身裡的劇場，生即死而死即生。

不惑之年是我的創作頂峰，相信很多人都有類似的某段特殊期經驗，那種湧泉而出的寫作欲望，無法遏止，每天十幾二十首詩，看什麼電影都有感觸，就連在京都喝杯咖啡看老闆收集專門拍攝垃圾的照片，也可以觸動莫名其妙的脆弱神經而引發思緒狂潮。更何況又遇見了如魔法師一般的上師，像是沒有經過儀式地往我頭頂插根吉祥草，然後我便無所畏懼地暢通無阻起來。

滿腦子想法無處宣泄，爲表達對老師的感恩，用英文寫了短篇小說，致敬老師。後來又自己寫成中文，當年還是傳眞機時代，我嘩啦啦地又詩又文地傳給了經常打電話讓我查字典的胡因夢。未料她激動地讓我寫成劇本，拿給《搭錯車》的導演虞戡平看，虞戡平又把我介紹給了正在琢磨《花神祭》的林麗珍。

那段時間，我成爲林麗珍的小跟班，聊天吃飯陪排練，甚至有時實在說得太嗨，都不讓我回家，直接睡在她家客廳雪白無瑕的沙發上（想起時報余小姐評價無垢簡直潔癖得令人髮指），看林老師夫婿陳念舟製作舞台用具時的細節講究，這對夫妻是絕配地「潔癖」，但也並不因咽廢食，非常捨得當用則用，只是很勤快地收拾殘局而已。

偶而一起出去采風堪景，收集道具素材。看過林麗珍作品的都知道，她喜歡用大自然裡野蠻生長的生命力來展現舞台張力，大量使用芒草與竹製品，在有限的舞台空間裡，創造天地之間的浩瀚感。走著走著，我開始用詩詞展現戲劇感，建議她把舞台搬到田野樹林裡，讓觀衆與茶席甚至茶點也成爲舞台的道具之一。我們興高采烈地討論如何在河上兩岸樹叢花草間，用布幔打造移動式行進舞台。愈說愈興奮，也愈想愈心酸，想要完美呈現，太費錢了。

千禧年，無垢受邀去法國里昂國家劇院演出，行前在台北國家劇院演出，首演前兩個月每天在冷氣凍人的地下室排練，我做爲《花神祭》的文字撰稿負責人，全程陪同，必須撰寫所有的演出宣傳稿，私底下被媒體朋友們戲謔：「從來沒有看過這麼不像宣傳的新聞稿，好有氣質喔！」這兩個月的寒氣鑽骨，讓我在里昂差點寸步難行。

我對林麗珍的初體驗是《醮》，來自於她對童年時期經常看到的祭典。淒美的愛情纏綿進入中陰身過程，女性獨有的孤寂，演化成自我糾纏的美景，一場沐浴，堪稱戲劇經典，也的確被納入了國際記錄。里昂雙年舞展主席來台邀約時曾表示，選擇無垢，是因爲民族原創性。國際舞台眞正需要的，是屬於每個民族自己的文化傳承，所謂的創意型創作，仍然需要傳統文化的基礎，否則言之無物，很難打動人。

由文建會贊助，全團台前台後數十人，我得以陪同參與，在里昂兩周，看了三十六個國家的街舞遊行，以及無數大小演出，擴張了視覺的饗宴。無垢的《花神祭》在唯一的國家劇院場場爆滿，甚至有觀衆排長龍要求買站票，期間每日霸占媒體頭條半版或全版。似乎，人類能有共通的肢體語言與藝術傳達信息，幾乎不需要詮釋與翻譯，就能直觀地體驗創作者要轉述的故事。從《醮》到《花神祭》，林麗珍一直在回流童年看過的祭祀畫面，生死輪迴成爲她入迷的關鍵元素。

我們在里昂住的是四人兩房帶廚房的客棧，附近有塞翁河早市與周末市集，周邊有各種好吃的餐廳，後來得知里昂是歐洲金融重鎮，更是法料美食的源頭，難怪向來討厭麵包的我會被麵包坊吸引。每日吃喝看表演之間，我又聽到了許多關於《醮》在亞維農演出時的驚人事故，對，是事故，不是故事。

話說《醮》受邀去亞維農演出前，早早大半年前就門票售罄，據說多半來自古老家族。演出當天，林老師慣性前後台檢查，當然，亞維農是天然廣場，沒有室內外之分，卻仍然有布幕區隔舞台前後。做爲團長的陳念舟納悶，都快開演了，觀眾席零零落落的，不是說門票早就賣光了嗎？朋友想買黃牛都不得其門而入。林老師控場專精，很能遷就各種不同的舞台，然而主角出場後的狀態有點奇怪，居然愣了好幾秒，才被動式地前進，仿若是她又不是她，趕緊跑到後台去等主角走完開幕「老師！我我我，剛剛有人幫我扛戲服。」主角顫抖不已，緊緊地擁抱林麗珍。戲服三十公斤，可想見舞台上忽然身輕如燕，那感受，無法言喻。當下只能費力安撫，繼續演出。

每場戲都要後台集合，林老師會指出每個人的缺失，以及需要調整的站位與步伐，這是她場場都要跑前跑後，從每個角度觀察畫面與音感的原因。

這一次，陳念舟先跑到後台說：「沒什麼觀衆啊！」全體團員震驚地看著團長說：「客滿啊！我們在台上看到坐得滿滿的，沒有空位，連走道都有人。」這也是舞者們的演出動力，觀衆客滿，台上再有意外也得忍著。

暈乎乎一團無垢成員，打道回府，全體病倒。各種醫療手段無效後，集體遍訪各神宮廟宇，扶乩先生們齊聲說：「啊呦！怎麼帶回來這麼多老外啊？」洋人沒有超度這件事，於是，無垢團長夫妻拜訪了退休的李豐楙道長，雖任教於政大中國文學與宗教研究所，但早已宣布不再從事道士的工作。千拜託萬拜託之下，安排了專門爲無垢劇場團員們做的一場醮。林麗珍非常佩服李豐楙的慈悲與智慧，看待生死通道的通透，卻也可惜了他不解釋的放棄。

林老師在忙著創作《觀》期間，忽然罹患帶狀皰疹，苦不堪言。之前，我曾帶她拜訪了當時在台的達賴喇嘛因明學老師貢噶旺秋堪布，只因爲她想談生死問題，老堪布很客氣地請她多多觀察，並未要求她皈依，也沒有讓她多讀經典。林老師很喜歡老堪布，感覺有孺慕之情，老人家的慈悲很浩瀚。於是，我便拿出了老堪布相贈的小小金剛杵，「借」給林老師：「這是老堪布的老師送給他，然後轉贈給我的，再三要求過我不可送人。」心想老堪布可真了解我，什麼都留不住，什麼都想拿出去送人，我娘說的：「妳是送財童子轉世啊！」。

一個月後，接到林老師的電話：「我好了！」那金剛杵可以還給我了嗎？立馬表示。「再借我放半年，到時一定還妳。」又過了幾個月，忽然有天接到林老師焦急的電話：「念萱，妳不要罵我喔！」我說：「妳把我的金剛杵弄丟了。」她嚇一跳：「妳怎麼知道？我剛剛在逛街，一轉身就找不到了，翻遍整家店都找不到。」我立卽說：「妳在哪裡？不要動，我馬上到。」一走進店裡，我蹲下身往置衣架下一摸，就摸到了我的小小如小指頭大小的金剛杵。林老師震驚不已：「哎呀！還眞是妳的東西，還給妳！還給妳！」

我有許多親朋好友相贈的首飾，但我不喜歡身上有東西，很少佩戴，感覺受束縛。我怕捆綁的感覺，怕密閉空間，怕黑，怕一切有壓迫感的東西，包括聲音。所以若獨食我會選擇飯點前後進餐廳，而且天花板要高，太低的也不進去。因此，如此寶貴的金剛杵也能借出去，畢竟自己不常戴，很願意借給需要的人。然而經過這一次的事故，再也不敢出借，還狠狠地戴了好幾天，才小心翼翼地收起來。

我在想，金剛杵也許對林麗珍老師的作用，比大多數的人管用，畢竟體質有別，我也不需要瞎操心。否則同樣在看祭典，她就比別人感受深刻，而我們多半看一眼轉頭忘。

從心理學累積的案例來看，童年是許多人的關鍵生命歷程，這也是某些國家會把生死儀典當作教育材料之一的緣故。我們的教案裡沒有論生死，卻有許許多多的祭典，林老師表示很感謝自己童年看到過完整的打醮，如今仍有祭祀，卻再也沒有專業的道士能打醮了。

幸運地，林老師把打醮轉化爲戲曲，並留在了國際舞台記錄上，至少文字與影像的記載仍在。如她所言，大自然的一切都是祭典的一部分，隨時隨地都有面臨祭祀的崇敬心，那麼，祭典便不會消失。

這話讓我想起師父曾說：「大圓滿，就是看到所有一切的美好，隨時隨地供養諸佛菩薩與上師。」據說，如此簡易地累積功德，能抵達證悟。

如此相契的巧合，未必非必然。我始終相信，所有一切法，如夢幻泡影，卻也處處是法。

阿貫的心無旁騖

定位目標的絕對純然專注，既冷漠又火熱地擁抱生命。

她永遠笑咪咪的，但是大家都怕她。萬一她不笑的時候，更嚇人。這種當了一輩子老師的威儀，油然而生，旁若無人。

今天去參加原聲教育協會年度大會，馬彼得校長口沫橫飛地說明這一年來，原聲從初中、高中到小學循序漸進成立的發展，校區的遷移與展望，以及國際交流概況，期間笑聲不斷，馬校長的解說很放飛。就連創始人之一的孫蘭芳老師說明帳務細節時，也很跳脫地展現了她對數字的敏銳，說的是開支，狀態很歡樂。感覺阿貫不在，壓力解除，大家就放肆了起來。

有天接到王師電話請我去辦公室看紀錄片，他說：「我感覺妳會喜歡！我是哭得停不下來。」然後，我去辦公室盯著電腦放映黑導跟拍原聲夢想的過程，也淚流滿面，世界上怎麼會有這麼好聽的聲音啊！

於是，我認識了喜歡用布儂族名字阿貫的廖達珊與藍蔚孫蘭芳，兩位從建國中學退休後，攜手與馬校長夫妻共創原聲教育協會，發願建造獨屬原住民的音樂學院，以歌聲吸引關注與資源，爲原住民的孩子找來足夠的教育助力，拉近城鄉差距。

從未想到，就在原聲國際學院好不容易成立的當下，阿貫走了。我怎麼覺得老說自己是打不死的小強，會長命百歲，即便是她走了，我也感覺她依然在，只是不常見面而已。

有段時間，阿貫與藍蔚經常拎上我開車上山，一路橫衝直撞，口沫橫飛告訴我如何打破行車紀錄，號稱陳大膽的我也被嚇得魂分魄散，藍蔚一直用各種方式安慰我，其實她老神在在的狀態，最撫慰人心，仿若天塌了有阿貫撐著，不需要多此一舉地煩惱。

我無法想像一名退休中學老師，能有如此巨大的能量，發宏願，一步一腳印地直抵目標，過程中，謹守「事以密成語以泄敗」的低調再低調原則，她說要等到原聲眞正成立自己的學校，完成她對教育的理念，幫助原住民擺脫城鄉差距，才能「聲張」，在此之前，她拒絕拍照，婉拒媒體，即便帶領孩子們遠出國門唱遊世界，也不掀露自己做爲創始人的名號。

在短短幾年中，調皮搗蛋漫無目標的山區孩子們，開始呈現遵守紀律的樣貌，我陪同在美巡迴演出一圈的過程裡，看見日出而唱日落寫作業的孩子，同時照顧我這位隨走隨丟隨忘的室友，感嘆堅持生活教育的阿貫，眞正地成功了。

第三章

與死亡相交的電影

跟爺爺說再見

傷心給誰看？調侃死亡的哀傷，餵養活著的孤鳴。

我想起外婆的葬禮，媽媽帶著我跟弟弟回去東勢，這個很少回去的娘家。一切都是陌生的，四舅舅與小舅還把小四歲的弟弟當成了我哥哥，更正了老半天，仍搞錯。葬禮百桌宴，很像婚禮，單單是親戚便坐了三五桌，賓客花籃早已沿途擺到鎮外，大舅這連三任的鎮長，果然陣仗十足。但印象深刻的，仍然是需要三位女兒與媳婦們換壽衣的場面，從頭到腳，每人負責一部分。

外婆與母親都是糖尿病走的，只是母親走得快，外婆則纏綿病榻多年，雙腳已爛得不成樣，很難換衣服，他們把腳留給了母親，折騰老半天，後來是任教堂執事多年的二舅來幫忙，才大致搞定。弟弟不知溜到哪兒去了，我則一直旁觀，體驗著各種不適。想起兒時外公的葬禮，似乎簡單得多，他老人家貌似睡著了，兩歲的我，趁大人忙亂中，爬進了棺材裡：「外公，起來陪我玩。」等大人發現把我拎出來，我已高燒不退，臥病一月才消停。

沒有人嚎啕，母親很平靜，有唐氏症的表妹跟著我，小舅媽靦腆而焦慮，深怕我被打擾。後來，表妹親手做了布娃娃送到台北給我。

有血緣的親戚們，眞的，並不比沒血緣的朋友們，更熟悉熱絡。但是，血緣，即便萬年不聯繫地疏遠，仍比想像中，緊密。就像撕不去的標簽，黏上了，便是永恆印記，留著，還是撕得面目全非，始終在。

日本影視擅長搞笑，再難受的事情，也要戲謔一番，再難堪的關係，也得打破藩籬重新檢視，仿若驗屍解剖，難看，更要看得仔細。愈怕，愈要看。

戲中，爺爺屍體要從醫院搬回家，然後，親人們分別掀開蓋屍布，瞻仰儀容。看，還是不看，人人都好奇別人看了沒，不管自己有多怕。最後，最難堪的，是沒有人哭。哭喪，幾乎是檢驗孝順的指標，自己做不到的，還要去買假孝子來哭，愈大聲愈榮耀，聲勢顯赫，就像比拚婚禮場面一樣。

我想起父母公婆的葬禮，尤其是十歲失怙的那次，弟弟被母親悄悄用手掐哭了。她不敢難爲我，任由我呆滯地坐著。

想起最喜歡的導演伊丹十三，一九三三年五月十五日生，多完美的生日，就塔羅數字而言，絕頂聰慧又討人憐愛。他的《葬禮》與《蒲公英》是永遠的極品之作，簡潔、銳利又善解人意，把生活裡的瑣碎與難言之隱，濃縮成生命的鋒刃，無人躲得過。

《跟爺爺說再見》(*Goodbye Grandpa!*) 是編劇山崎佐保子改編自己經歷的眞實故事，導演森垣侑大初掌鏡，看似一家魯蛇膽小的慌亂，共同面對不得閃躲的親人死亡與衰敗，回憶種種溫馨與難堪，那就是所有人卽將或已體驗過的人生，無論內容如何，心境差不離，很容易勾起各自的感觸。

印象中，日本人的葬禮多半莊重有禮而典雅，這部電影，徹底顚覆了禮儀之邦的優美形象，卻更親切溫暖。就連處理信仰問題，也叫人會心一笑。

葬儀，無論是否有信仰，隨便找來能接受的祭司，念誦一番，各自安心，卽便心裡並不以爲然。女主忍不住跟小和尚告解，爺爺死亡之際，自己正在跟男友上床激烈交戰，內心深感不安，狀態閒散而未被尊重的和尚，回答得妙語如珠，餓了就會吃飯，人之常情啊！女主追問：「你也會做愛嗎？」哈哈哈，猜猜看，和尚如何應對？

看過千百部電影後，再回頭想日本許多針對生老病死的影片，都處理得深入淺出，看似哲理深，卻萬分近情理，甚至剝離骨肉，無法迴避。只能說，注重表面工夫的日本人，骨子裡亦相當誠懇而膽大，畢竟，直面醜惡，需要十足的勇氣，爽快地撕開，更要狠得到位。

這部電影的演員們，既非知名角色，亦非俊男美女，甚至有各自的猥瑣，然而，融入角色的當下，卻都能綻放芳華，新銳導演的前途，值得期待。

不丹的伏藏預言

證明死亡的新生無所不在，真實地如夢似幻。

佛陀借由觀音的口對舍利弗說《心經》：「……是諸法空相，不生不滅，不垢不淨，不增不減……心無罣礙……」你認爲，佛陀會重男輕女嗎？

第一次看電影《預言》，藏文片名爲《伏藏》，在配備簡陋的試片間裡，兩小時，我大約啜泣了一半的時間，淚如泉湧。第二次再看，已縮減爲一小時半，對我而言，沒有融入的難度，二十多年來進出不丹多回，最長曾居住長達兩個月，熟悉的氣勢宏偉自然景觀，與農村生活小事，以及看來迷信十足的苯波薩滿與藏傳佛教種種傳說，但凡身入其境，很難質疑。對於沒有接觸過的人，也許會有理解的門檻，我問一起看電影的身邊朋友，多半同意：「風景很美，攝影精采，故事進行得太快，來不及弄清楚過程，看得似懂非懂。」

其實，故事很簡單，將佛教傳入西藏、不丹與尼泊爾的蓮花生大士，肉身未死離開人間時，預告了佛法的衰頽與傳承斷裂，因此處處留下「伏藏」，讓有緣人得以延續傳承。從此，藏傳佛教有了轉世活佛取出伏藏的諸多獨特案例，代代相傳，以前世伏藏師留下的預言，尋找接班人。其中，某位伏藏師離開人世後，將預言留在卽將轉世的人家裡，讓未來的祖父埋在石牆縫，自己轉世後，仍在襁褓中，便從牆縫拉出了預言。

令人嘆息的，卻是藏區命名多半重複使用，你可以在同村找出千百個同名者，毫不爲奇，尤其是平民百姓沒有貴族的姓氏辨識，預言，循線追蹤，一字之差，男女有別的偏見，讓尋找轉世靈童者，做出致命性的錯誤選擇。

然而，大師既然有意留下這樣模糊不清的預言，難道不是預留陷阱，給參與者反思的機會？時間，對於我們是漫長的，在大師們的眼裡，二十年後發現眞相，一點也不晚。一場認證「仁波切」的民主式辯論，於焉開展，人人心中的偏見，一覽無遺。

《法華經》提婆達多第十二品，舍利弗語龍女言：「汝謂不久得無上道，是事難信。所以者何？女身垢穢，非是法器，云何能得無上菩提？佛道懸曠，經無量劫勤苦積行，具修諸度，然後乃成。又女人身，猶有五障：一者、不得作梵天王，二者、帝釋，三者、魔王，四者、轉輪聖王，五者、佛身，云何女身速得成佛？」「龍女不卽以言答舍利弗，以此當下成佛之境非言可顯，惟證乃知。故卽假獻納寶珠，以喻成道之速。獻寶珠、喻將本有之清淨如來藏心，於一刹那間顯示於佛。卽獻卽受，喻卽悟卽證。夫一獻一受，石火電光不足以比其速，而龍女成道之速乃復過之，皆顯頓悟成佛之義。」

《大寶積經》裡的八歲妙慧童女，有機會轉身成男，卻對舍利弗說，千萬生生世世求生爲女而不可能，怎會放棄？堅守小乘佛教思維的舍利弗，把對女人的偏見，對準了妙慧童女發作，未料，童女以瞬間成佛之姿，大破偏見。

問題是，佛教圈中，仍有許許多多自命不凡的佛教徒，張冠李戴地硬說，女人不能成佛，是佛說的，記載在經典裡。佛在《勝鬘經》讚嘆勝鬘夫人爲大丈夫，心量大能容大乘佛法。這些典故，少有知識被男人壟斷的族群裡，被「張揚」開來。

電影裡，相當有意思地，冒牌仁波切很稱職，廣得人們愛戴，無論學識、人品或修持都很到位，卻偏偏不是眞正的傳承擁有者。反而是眞正的轉世者，變成平凡愛唱愛鬧參加派對的激情女。導演非常溫和技巧地，想要闡釋蓮花生大士說的「萬法皆菩提」，人人身邊處處有佛菩薩，可惜，很難讓人信服。就連一輩子堅守崗位勤勤懇懇的出家人，在尋找轉世伏藏師之時，仍無法擺脫偏見。

最有趣的，是村民參與了這場認證大會，各抒己見。不論好壞對錯，人人說出自己最眞實的想法，說過了，似乎也豁然開朗，也許，從自己嘴裡被逼出來的話，自己都要嚇一跳。

我想起舍利弗，在經典記載中，幾度被佛陀當衆開刀，彷彿利用這位成就者的偏見，來讓我們看見自己的偏見。尤其是提婆達多，做爲佛陀的至親之人，竟生生世世地加害於他，卻未料在《法華經》第十二品裡，清楚記載著，若非提婆達多的逆緣，佛陀無法修成多生的「忍辱」，念誦至此，怎能不叫人涕泗縱橫？

善惡是非，遠非我們肉眼所見。《心經》短短兩百六十字，反反覆覆，無非就是讓我們放下二元對立的偏見，自我解脫，不是嗎？

完美結局

並不完美的人生也許是另類的美好，生之疼痛死於安然。

伊莎貝．雨蓓（Isabelle Huppert）飾演的電影，我絕不錯過，原因很簡單，她總能把人生中的難堪，飾演得入木三分，而讓人深思許久，那是自己未曾或永遠不可能經歷的人生，那種身心具碎的痛苦，即便只是想像，都難以承受。而看見不同，恰恰是培養寬容的利器，寬容，並非原諒別人，卻是眞正地放過自己。

《完美結局》（*Happy End*）一如既往，諷刺性相當高，只要看主演是雨蓓，便已可猜想得到。人事經歷弔詭而坎坷，卻稱之爲完美，事後回想，你還能有更好的結局嗎？人生中的無解，經常如此，當下悔恨不已，一段時間後，才發現，那也許是不得已裡，最好的選擇。看似毫無選擇，若膽敢面對，便明白，你不會有更好的選項，疼痛難免，而轉機，才是自己唯一能夠擁有的出口。

雨蓓飾演繼承父業的長女，隱瞞獨子悄悄地進行著二婚，叛逆又頑強的兒子，其實有足夠的聰明看見謊言，卻無能擺脫母親的魔掌，如何反擊，甚至是無力的反擊，端看雨蓓的抉擇與反應。她聰明有膽識，且知道當捨便捨，能直擊絕不退縮，多雨蓓的角色描繪啊！在半死不活的家族企業裡，撐持著，一家老小，全都十足叛逆地不拘一格，各有各的理，亦有各自的苦，愈聰慧愈難堪。旁觀這一切的，是弟弟前妻亡故後遺留的獨女，忽然進入這表面和諧卻骨子裡一團糟的名門家族。

小女生有家族遺傳，跟爺爺一樣不羈，互相俾倪不對眼，卻又彼此理解，這還不僅僅是表面上的體諒，卻是切膚之痛的理解。很難想像，這一老一少，各自成長環境不同，年齡差距甚大，能夠秒懂彼此的心事。說到底，人生不如意，即便事件迥異，感受卻八九不離十，有血緣，畢竟不難猜想。你可能會認為，這麼小的孩子，怎可能如此成熟？但若按照她成長的背景，何難之有？一家子只關注自己的怪胎，想聊解彼此如照鏡子，怎麼都不離奇了。被迫早熟，在這樣的家庭裡，司空見慣。因為，早熟者一次熟透，等老了反顯幼稚，年齡差，也就失去了界限。主因，仍然是只關注自己。

這是典型的歐洲人格成長方式，把自私當家常便飯，坦然寫在臉上。亞洲人不自私嗎？怎可能，只是生活教育告訴我們，不能寫在臉上，裝也得裝到底。那麼，到底是寫在臉上還是裝進肚子，才是妥善的方法？電影裡，照樣搬演了一場戲，就在雨蓓的訂婚宴上，獨子忽然用很嬉皮的方式來鬧場，以表面的善意，來彰顯自己的惡意，相當有意思。裝與不裝，哪種方式才是善意的選擇？

年老力衰百無聊賴的爺爺，用盡各種可笑的自殺方式不成，最後，示意小孫女幫自己一把，安樂死，畢竟仍有爭議，所以，結局顯而易見，我就不在此透露。

雖說是完美結局，卻處處是生命中的漏洞，無論是否滿意，若願意，可以從中反覆思量，關關難度關關度，這不就是最正常的人生嗎？只是奧地利導演麥可·漢內克（Michael Haneke）用最荒謬誇張的方式，來刺痛你的思維，用戲劇來超越你的想像空間，最終，仍然在告訴你，沒有最正確的選擇，只有坦然面對，才能發現生機。

我想起麥可導演的另一部作品《愛慕》（*Amour*），雖傳達深刻的愛，卻用相當殘酷的眞實方式，老夫老妻，一方病重逐漸失去意識，另一方亦體力漸衰而力有未逮，仍然相愛的兩人卻必須相依爲命。此時此刻，安樂死，又成爲導演探討的議題，麥可把思考留給觀衆，沒有對錯，每個人有自己的選擇，最終，要面對人生必經命題的，照樣只有自己，誰也幫不上忙。導演，用空鏡頭，留給觀衆許多想像空間，去認識愛的各種可能性。

執子之手與子偕老，是多麼易懂又不容易，愛情、親情與友情，每個人畢生都會面臨的各種考驗，讓我們用電影去磨合吧！

岡仁波齊

為眾生祈福去轉山朝聖消業障，一日一生死地輪迴。

愛旅行的人，會去紐約、巴黎、羅馬、東京、北京、伊斯坦堡、布達佩斯或布拉格朝聖，有基督教成長背景的人，對耶路撒冷或亞美尼亞的埃里溫嚮往，回教徒則畢生必須走一遭麥加。藏族的聖地在拉薩，印度與耆那教徒的聖山在岡仁波齊。就朝聖的心理渴望是一樣的，然而行進的方式，有如大灌頂，心靈洗滌如人飲水，各自存放在記憶裡。

影片中的藏族，不斷在艱困路途中，彼此提醒，朝聖過程心存善意，目的，則必須是爲眾生祈福，如此才能達到淨化心靈而至消除業障的個人目標。有了這明確的方向，路上遭遇的生老病死，甚至無端毀了殘破的生存物資運輸工具，亦沉默接受而無絲毫怨懟，繼續更艱困的旅程。結伴，既爲互相照應，更關鍵的，是爲對方打氣加油而撐到底。衆生，便有了逐漸加強的集體意義，你我無分別，力量變得無限如大海，添一分不多，少一滴不少。

他們的名字，很可能是這輩子唯一一次出現在螢幕上吧？素未謀面的張楊導演告訴我：「叔叔七十二歲、扎扎九歲、尼瑪扎堆四十八歲、斯朗卓嘎二十歲、曲珍二十二歲、色巴江措二十歲、晉美三十二歲、達娃扎西十八歲、旺嘉十六歲、江措旺堆三十五歲，電影沒有劇本，對白都是大概定個方向，現場發揮。」在許多朋友覺得像紀錄片後，導演證實：「曲珍懷孕生子是眞的，但叔叔的往生是安排的，所以這是電影劇情片，不是紀錄片。」而我把《岡仁波齊》(*Paths*) 歸爲「類紀錄片」，偏愛紀錄片的我，可以明確感受出哪些眞實哪些是安排的，我依然會求證，怕受制於自己的成見。嚴格說來，這部劇情片，遠比許多帶選題目標的紀錄片更眞實，觀衆的感受不會騙人。

朋友陪我一起看午夜場，半滿，許多小情侶嘰嘰喳喳，我剛下飛剛吃飽，原本有點犯睏，卻愈看愈醒。對西藏全然陌生的朋友，好奇地詢問電影中不熟悉的畫面，譬如放風馬（在聖地順風飄散印有經文的紙片贖罪祈福）、大禮拜（磕長頭）的動作有啥意義，爲何要朝聖，這麼千辛萬苦回家後，會得到什麼嗎？她甚至問我：「老人家是眞死了嗎？」散場後，我主動補充了一些她沒問的。

我相信，導演經過長考而決定這麼拍攝，類似記錄卻又無法完全如實拍攝。要把生老病死濃縮在兩小時裡，你需要把某些人生的眞實「演繹」出來。若全然按照劇情片的煽情走勢，這部片的主題將被模糊而變得猙獰。信仰，本就是非常私密的部分生活，一不小心就會被過度放大，卽便是當事人，亦難以完整述說所謂的眞相。眞相從來都是相對的，絕對眞理不存在語言文字裡。

朝聖行人們用防護木片敲三下才俯伏磕頭禮拜，那三下是敲在額頭、喉嚨、心間三個位置，以自己的身口意來供養禮敬佛法僧三寶，每日隨時重複皈依三寶是藏人生活習慣。當然朝聖者多半疲憊，而無法把動作執行得太精準，甚至敲三下走三步，也會變成多走幾步，扎扎在半路被教訓走多了，我看著很心疼，她無怨無悔，小小年紀，默默承受著自己能力範圍做得到的苦行。朋友表示：「這漫漫長路一千兩百公里，就算不磕頭，僅僅是走，也已經非常不容易了。」

朝聖隊伍裡，有老人、幼童、孕婦、屠夫與無業青、壯年。一開始，是年紀不小的叔姪倆，想完成父親遺願，村裡人知道了，無論是否有重大理由如屠夫贖罪，說一聲，便加入了，無人抗議或嘮叨抱怨兩句，全然接受，也是藏族的生活慣性。

演員們都是眞名實姓的素人，電影角色本就是他們的生活寫照，也就不需要演技。再加上導演不謀利地慢炖慢熬，沒有灑狗血騙眼淚，淡而有味地鎖定「朝聖」重心，至於朝聖目的，人人各異，只要能一起念經，怎麼都好。每晚入睡前一起誦經，然後男女老少無思無想地擠成一堆入眠，翌日晨起，再無思無想地一起大禮拜，同行，成爲彼此安然的依靠，再也不需要對往來衝撞的車輛，或人人都可能遭遇的生老病死，擔憂。

英文片名《Paths》取得好，複數的道路，路有千萬條，也有無數種走法，你走你的陽關道，我走我的獨木橋，誰也不影響誰，即便我們的目的地一樣，又或者，無法一樣，因爲我們心裡藏著不同的生死觀。然而，這十一人朝聖小隊，從不過問彼此私事，想說便說，大家聽著，不評論，聽完拉倒，說的人說完也舒坦了。

朋友問我：「他們這麼辛苦地朝聖，回去後能做什麼？他們會得到什麼嗎？」

我啞然失笑：「回去繼續過生活啊！該幹啥幹啥。」想想這樣回答不妥，電影散場後，半夜行車路上暈頭暈腦地補充：「朝聖是藏人一生的願望，像基督徒去耶路撒冷或回教徒去麥加，意思差不多。得到什麼？表面上肯定什麼也沒有，心境，各人滋味在心頭，有什麼也說不清吧？」其實，電影裡有答案，只是這答案看在外人眼裡，等於無用的無語。

這群人走到拉薩，盤纏用盡，卻動念順便朝聖岡仁波齊，只因爲聽說是聖山本命年，就像我買機票專程去看這場電影一樣，很任性。他們用一年去朝聖，我只用兩小時便朝聖完畢，太划算了，對我而言。

到拉薩後，訪親戚，有親人從廟裡趕來爲新生兒祈福，念誦文殊菩薩咒，祝願有智慧地成長。電影中有人羨慕入寺成爲喇嘛是福氣，朋友問：「爲何出家做和尚是福氣？」藏人習慣把家中最優秀的孩子送進寺廟供佛，其實，這是早期藏區唯一受教育的機會，若能成爲學識涵養皆受人尊敬的喇嘛，親友自然與有榮焉，畢業後還能四處爲人誦經消災祈福，也能收到些許供養回報家人，因此很少人會捨不得送孩子入寺廟。當然寺廟有大小，也有貧富差距，這就只能各憑因緣，說福氣，是因爲就學期間，若非寺廟養著，家人也會定期繳交「學雜費」，獃在佛學院的唯一責任，唯有求學，無論如何都比遊牧耕種要養尊處優許多。

朝聖隊伍停留拉薩兩個月，壯丁們去打工，老弱婦孺在旅店裡做家務，攢夠了旅費後，再度出發。在如此貧困的情形下，他們沿途扎營，升火埋鍋造飯煮茶，遇到經過的朝聖者，仍熱情邀約一起喝茶吃飯。衆生，在朝聖者眼中，無二無別。

車禍，撞斷了他們唯一載運生活用品的拖拉機，他們檢查了半天，肇事者胡亂編造個理由，便被放行。然後，他們彼此面面相覷，螢幕外的我們，比他們揪痛。緊跟著，應該是導演最狗血的一回，衆人在風雪中徒手拉車，零抱怨。大家都累得不能再累，誰會浪費力氣抱怨？

終於，他們抵達了聖山腳下，而我們也開始熟悉了這群畫面如一的磕頭身影，連俯伏的動作，亦瀟灑得彷彿看了一輩子般利落。至此，你該知道，演員根本做不到，這樣的動作，需要一生來成就。

烈火焚身的胭脂扣

生死之間的中陰身邂逅，超越生與死。

十二少陳振邦初遇紅牌阿姑如花時，應該是《胭脂扣》裡的經典畫面。她女扮男裝唱著小曲，從心所欲地悠游自在，他忽然闖進，著迷地檢視著眼前尤物，聲色俱佳。難得的是兩人旗鼓相當，一個是風月場所常客，一個是妓館名花，彼此互不相讓地以眼神交替挑釁，不推不讓，不進不躲，貌似冷漠地，將煽情推到最高峰，自此痴纏一路往下走進死胡同。最好的時光，便是那電光石火的瞬間，燃燒殆盡，餘生也只能以餘燼餵養擠出來的芳華。神妙在霎那間，亦毀在那魔幻烈火燃盡的光輝下。

早在他們一見鍾情時，路便已走到底，餘下的，不過是玩命式地追索那逝去的瞬間。太迷人的交流，即便是當事人也無法複製，捨不得，更不可得。「如夢如幻月，若即若離花。」是十二少給如花的情書，也是他們倆初見時的眞實畫面，更是兩人未來前景的預言。不瘋魔不成活，生死亦彈指間，放火燒才有光，燒完，也沒了。

全天下的女人都愛張國榮，他卻愛男人，罕見，也揭示了大部分女人爲何欲求不滿。女人愛哥哥，因爲他知道什麼是體貼，即便體弱也明白在床上玩很久的道理，幾秒鐘洩欲，不是愛更不是情，動物傳宗接代的本能罷了，連交歡都談不上。交歡，不必然需要洩欲，十二少初見如花的場景，遠遠勝過往後無數歲月在床上的死纏爛打，這一點，螢幕外的觀衆看得最明白，彼時的高潮，後來再也沒有了。

《風月》說的，便是這道理。張國榮能入木三分地，將情與欲的轉換，寫在臉上，清楚而不落痕跡地標示出來，自然是本來就懂得的，你懂，別人便看得見。

漂亮女人多半寡淡無味，受臉蛋與身材制約，感官，被遺棄成廢墟。梅豔芳自幼泡在歡場裡賣笑，嘗盡人間愛戀情仇，體貼敏感猶勝過張國榮。這也是爲何梅姑找當紅的哥哥給關錦鵬撐腰拍彼時並不被看好的《胭脂扣》，他二話不說便答應了，尤其這部電影原劇本的主角是如花，並不是十二少。不漂亮的梅姑，能釋放美的魅惑力，相較於漂亮姑娘的傻，梅姑的美，是生龍活虎的靈動。

最動人的一見鍾情，最難詮釋，若非雙方熟稔，演，是無論如何都無法到位的。哪一種熟稔？看眼波流轉便知道，那無法裝，你能夠跟誰調情，毫無顧忌？放肆地一起達到高手過招的極致劍術，又像道士練精化神，宣而不瀉地持久不衰？那只有對等的敏感與體貼入微，才可能擁有的默契。這種角色互動的癮，是片酬無法換取的，張國榮圖的就是過一把戲癮，彌補眞實生活裡的欲求不滿，他在舞台上的放肆，便如柵欄裡奔出的猛虎。

這頭貌似暴衝的猛虎，骨子裡羸弱不堪，他是男人，更是個女人，正因爲陰陽對流下的矛盾激流，造就了他迷幻般的濃情，化不開，只能用烈火去燒。他可以不顧一切地撲火，卻也隨時毫不抵抗便投降了。活著，是他哀戚懦弱身軀裡，僅存的丁點頑強。

她比他簡單多了，自始至終，就只是不愛不成活的女人，沒有他的糾葛與掙扎，猶豫，更不在她的生命字典裡。愛，便愛了，不愛，便不愛了。一旦弄淸楚，一秒都不會多餘地逗留。如此一來，她烈火焚身般的愛戀，便能讓人著魔，因爲她從不留餘地，且一去不復返。這種奮不顧身的迷戀，梅豔芳很懂，於是，她不漂亮的五官，便因這樣的熱烈燃燒而綻放，美得不可方物，成爲世間罕見的美，不漂亮，卻美極了。

《風月》中飾演拆白黨郁忠良的張國榮，是升級版的十二少，少了幾分懦弱，添了幾許愈加性感的強勢，愈發突顯鞏俐飾演的千金小姐龐如意，寡淡無趣。郁忠良必須在風月裡討生活甚至謀生存，而龐如意便似一杯白開水，未經世事，只因郁忠良久經浴火沙場，這杯白水如炎炎夏日盛開的荷塘，引人遐思。

同樣的哥哥，跟如花還是如意，更能擦出浴火般的烈焰？他那麼輕易地便放下了如意，雖略有不捨，卻義無反顧。對於如花，他卻是捨命相陪，雖失敗了，過程慘烈，付出的幾乎是旁人好幾輩子的代價。眞實生活裡的哥哥，更願意選擇哪一種活？幸運地，他只需要一部接著一部戲地經歷，每一次都由編劇來選，他縱情放肆卽可。

有人說，哥哥生前最後幾年，沒有具體的代表作，也就是欲求不滿的戲癮發作，無處宣泄，而造成抑鬱加重。你可以姑且當成戲說，我卻在他遺留的影像裡，看見他只活在戲裡的激情。

奮不顧身的愛戀，唯有如戲。人生中，烈火焚身的愛活不過今日，哥哥明白，梅姑更清楚，所以能夠一起演出再無例外的《胭脂扣》。

她問他在家裡如何對妻子，會跟她纏綿嗎？他無法騙她，卻說，會，但心裡當作是跟她在一起。這一問，這一答，巧妙地，刻劃出，此時此刻，她是女人，他是男人且雌雄同體地融入了她的魂魄，以爲如此她便知足了。這一刻，他們有了裂痕，不再是無法切割的合而爲一。善意的謊言，更傷人。

即便如此，她仍然以命相搏，用僅存的尊嚴，試圖擠壓出最後的溫存，企圖捕捉初見時的完美契合。她曾經各種各樣的試探刁難，來證明那一見鍾情並非空穴來風，一旦投入，便不回頭，一如她從鬼域走回人間去活捉他的背叛，還了胭脂扣，也就不會回頭了。

你或許會想出千百種結局，等候半世紀，怎能如此輕易了結？捨不得了一甲子，她怎會一下子便捨得了？其實，兩人心知肚明，初見時的當下，是須臾光華，餘下的日子，源於餘燼。

愛，便愛了。不愛，便不愛了。如此，烈火才有光輝。

殤慟

在《星際效應》裡，請不要試圖安慰我，悲傷是獨有的私密空間。

我以爲，這一切終將過去。就像小時候以爲，這是一場戲。殯儀館裡，鬧哄哄地哭天搶地，我一滴淚也沒有，母親用力掐了我一下，不管用，她又去掐弟弟，管用了，他開始惹人厭地嚎啕大哭。

原來，淚水，是留給多年以後，看電影時用。

看《星際效應》(*Interstellar*)時，進入外太空的爸爸想盡各種方式跟女兒溝通，於是有了鬼魂是第五度空間通道的可能。這讓人想起許多中陰身的傳言，扶乩與親人傳遞信息，如果有人能掌控自己的魂魄，自由進出人體，那麼，他就掌握了進入第五度空間的路徑。有人天生就能做到，一閉眼，靈魂出竅；也有人，透過靜坐，辦到了，卻嚇壞自己，回不去，三魂七魄，鬧得七零八落，拼湊不完整，便瘋了。

大家閨秀出身的鄭曼青夫人丁惟莊女士，在夫婿驟逝之時，無法接受；七十歲，對於太極拳宗師而言，太年輕了，什麼遺言也沒有，這絕非鶼鰈情深之人會做的事。她罔顧子女反對，悄悄遍訪民間信仰，只要能親耳聽到他說話，什麼都能接受。她急切地要找出他的遺言，即便是去髒兮兮的廟宇裡扶乩。那年我二十歲，她說，我掉淚。距離父親逝世，整整十年，也許我感同身受，眼睛像打開的水龍頭，洶湧爆流。她平靜地說著他的離去，以及她瘋狂地尋訪他的蹤跡。她優雅地把紙盒推向我：「我沒找到，大多是騙子，但我不放棄，總歸會找到方法的。」她溫柔而堅毅，沒再說什麼。這是我生平第一次，見識了「閨秀」的風範，耳順之年，清新依然，眼睛如嬰兒般純淨，美得醒目，尤其是那一抹淡然的哀傷。

我多麼希望人生僅只是一場場的戲，像《金剛經》說的那樣：「一切有爲法，如夢幻泡影。」可惜佛陀不容許我耍賴，他緊接著說：「如露亦如電，應作如是觀。」這最後一句結語，多難爲人啊？「什麼也不能做，只能『看』，云何降服其心？」終其一生，都要做看戲的，而非戲子，即便是身歷其境。做到這一點，先得學會掌控自己的心智。

我怎麼看這場戲，端看我能讓自己處於第幾度空間，如果我始終固執地存在於第四度空間，那麼我的視野，僅止二維的平面，連身爲第三度空間的自己都看不見，遑論四維以上的時間走向，以及四、五、六維的點線面立體三維時間行進的轉動。四維看未來，五維見因果，六維倒果爲因（見識過薩迦派無上瑜伽部「道果」灌頂的人能明白，先有果再轉因的顛倒關係。或想像一下《星際效應》中反轉重力場的最後救贖），一切都因爲你「看得見」。看見之後，進出宇宙自如，直達十維的「夢幻泡影」。

《金剛經》佛陀一開始先問老徒弟須菩提，如何掌握自己的心念，接著問能否想像東西南北方四維上下，然後繞一大圈說明，無論你怎麼看，都看不清楚，接著說：「如來者，無所從來，亦無所去。」

這個過程，像不像我們用天文物理去解釋宇宙現象的存在？

台灣把《Interstellar》翻譯成《星際效應》，簡體版叫《星際穿越》，有人說導演Christopher Nolan向前輩致敬，卻畫虎反類犬，也有人說導演請來大腕科學家，事事有根有據。自從看了《盜夢空間》後，我相信即便是尙未咨詢天文物理專家的導演，早已對第五維度不陌生，在新片中借由高次元外星人的蟲洞給人類自救的機會，又利用未知黑洞裡的更高次元神級的「鬼」，來協助人類升級生活科技。不相信有神的人，非常技巧地運用佛說人人是佛的原理，以未來更進步的我，超越時空，拯救現在的我。

看科幻電影，無法關注導演是否把電影拍得漂亮，大筆製作費的壓力之下，誰能夠無的放矢？你絕對無法忽略Nolan現在的思維，進階到了何處？當然，在他不接受神又無法證明高次元生物存在之時，只剩下人類的「愛」可以運用，即便是大部分的我們，亦無法確知，到底「愛」又是什麼？即使我們曾經尋死覓活地非愛不可，最終，照樣無法「信賴」甚至依靠愛。你怎能指望「愛」來拯救你？不信任愛情，便只有親情了。

電影中有個選項相當有趣，當你只剩下一段路程的燃料，卻要在高智商科學家與摯愛戀人之間做取捨，求生並拯救人類，此時此刻，身爲科學家的你，該如何在理性與感性之間取捨？Nolan相當有意思，科學家最終是被也有「信任直覺」的機器人給救了。騙局，並非只有蠢蛋會做，你最信賴的聰明人，更容易因爲自私的偉大理想，而強悍地（Do not gentle）欺騙你。兩次，一次是太空基地的領導，一次是外太空裡最優秀的科學家。這場騙局，最終，仍然救了你，即便是在過程中，被一路相信騙局前進的你自行修改了路徑。

經常被大師們「欺騙」的我們，是否也該學著清醒，隨時修改自己的路徑？

終其一生，最優秀的腦袋，專注而不顧一切地做研究，等待的，也許是夢幻般的結果。如果沒有愛沒有希望，誰能堅持下去，而不變成性格扭曲的怪咖？

有人說Cooper在沒有保障之下離開摯愛的女兒Murphy，劇情不合理。我認爲編劇已經用「STAY」埋下伏筆，來彌補Cooper離去時的遺憾。認知到全球即將毀滅，唯有拯救全人類，才能拯救女兒的情境下，誰能夠不冒險一試？若非父親離去，女兒的高智商，亦無法專注地發揮，愛與分離，恰恰是這場科幻災難的救贖。

電影只有三小時，無法讓人瞬間感受愛別離，一分隔即數十載的殤慟。除非，你自己有過類似的經驗，一秒，就能把你以爲忘記了的數十載，給喚醒。

有朋友在大學時失去父親，她說五年後才復原。我說：「十歲失怙，年屆不惑，才眞正接受，他不會回來了。」相較於電影中的父女分別近百年，實在不算什麼。我們沒有互相安慰，彼此心知肚明，沒有用。

殤慟，只會加深你的動力，想要知道，然後看見。這絕對不是出於選擇。你安慰不了我，所以，請不要這麼做。

電影中，沒有任何一個人，試圖去安慰另一個人，這是電影史上，非常大的進步。

也許是厭煩父親葬禮的熱鬧，記憶猶存，母親逝世，我沒有發訃文，親友得知後責怪我禮數不周。我心裡的話，沒有機會說出來：「別告訴我，你喜歡參加葬禮。」我很幸運，公婆離去前，留下遺囑，不許發訃文，不許海外親友返台，即使是直系親屬。安靜地火化母親後，我帶著骨灰旅行兩個月，沿著朝聖之途扔了，默禱她旅途愉快。

有位算命的長輩告訴我，失去所有長輩之後，我便，好了。當時，很想踹他一腳，多年以後，忽然似乎是懂了。這不是一個選項。我仍然需要《星際穿越》Happy Ending的安慰，這是看電影。我相信，許多人跟我一樣有相同的需要。

第四章

尼泊爾三十三年

上山送信

冥冥中領取多生多世的福報。

九月的熱，是暴雨季剛過的又濕又乾，在喜馬拉雅高原山腳，日溫差懸殊，緩解了蠢蠢欲動的燥。尤其是習慣了台北從六月到九月的黏膩浮躁，即便是加德滿都歷經五月酷熱後六七八月連綿不斷的驟雨，若非擔心衣服曬不乾，其實別有風情。內陸的乾，讓噴薄狂灑的雨水，看起來很可愛。有時，誤以爲尼泊爾人性格獨特普遍的軟綿綿，其實是氣候造成的。一年四季鮮明，有大半年的節氣讓人懶洋洋，短暫的春天在三月後便結束，四月像蒸汽浴般加溫，五月是完全沒有水汽的烤箱式乾熱，六月在熱氣中經歷土耳其浴般的傾盆，七八月延續六月沒天沒日地雨淋，上午的汗，下午站在戶外便能洗淨。若不明白《心經》說的無垢無淨，去佛陀出生成長的環境裡杵著，沒多久便能留下深刻印記。

一九八五年，沒有網路的時代，玩水洗衣掛竿拉繩晾衣，是每天樂此不疲的遊戲之一。一邊看著井水旁老少婦孺捲起長裙，蹲著搓洗滿盆堆積如山的五彩斑斕，一邊望著手中幾件並不算髒的換洗衣物，有如過家家地甩一甩，心裡很平靜，感覺這樣的日子可以地老天荒。雖然，水很硬，衣服很快就洗爛了，灰撲撲的，色澤愈來愈沒精打采，感覺愈洗愈髒，愈穿愈破爛，卻很舒服。

一勺咖哩扁豆泥，一盤長米飯，兩三片生黃瓜半個小萊姆一根生辣椒，可以打發每一餐。如此這般月餘後，發現自己很富裕，完全可以放飛怠惰，不用思考人生目標，不必擔心別人眼中的我太廢物。反正加德滿都有更多更廢嬉皮，哈哈，相較之下，我好像勤快些，至少，清楚地知道自己最多只能廢兩個月，而非經年累月甚至二、三十年乃至一輩子。

氣候，如尼采說的，的確是養成人類品質的必要條件。至於好壞高低，每個人都有自己的權利去定義，由不得旁人置喙。爛泥有自己的芬芳，高樓有人人仰望的金塔，互不相擾，各自占據世界的某個角落。

歲月是最好的老師。除環境變化外，最吃驚的，是心境的轉移變遷畫面，看得仔細，比經典電影還震撼，隨時隨地，任君取閱。想起第一次站在加德滿都機場時的恐慌，如果有翅膀，恨不得立即逃離塵土漫天飛揚的現場，當年硬著頭皮鼓起的勇氣，之後再也沒有了。傻大膽，來自傻，否則大膽永遠不可能出現。

踏入未知的恐懼驚顫，只有事後，才會忽然吃到「畏懼」情緒裡面包覆的白蘭地糖漿。

不追，不被追，路過，看一眼，或者兩三眼，轉頭也許有一抹天邊鴻爪。

逐漸習慣喜馬拉雅山區日常後，阿姨忽然穿著白襯衣粉紅藏袍站在門外，我坐在床上查字典，研究生澀的藏語拼音，正楷與草體字的辨識，不想請教阿姨，也不好意思點明，每句都有怪怪長尾音的台腔濃重，聽見她說藏語回回都很尷尬，刻意閃躲，反而妨礙了自己學習的速度。懊惱著啓蒙老師的拉薩腔，是否有害？太正，有時反而成毒藥，對人對事皆如此，當然，這是許多許多年後的事後諸葛。很久很久以前，我不會有這樣的覺悟。感知，需要心甘情願，這也是許多事後諸葛之一。

心甘情願地宅，其實也是喜馬拉雅養成的不自覺常態。

「穿這麼美，要出門啊？」動作風風火火如少女的阿姨大呼小叫：「我叫車了，妳跟我走！快點！」不是吧？妳打扮好才喊我，還要快？此時此刻想起老媽說我穿衣像乞丐，那就不必客氣了，直接跳下床穿上涼鞋帶好門：「走吧！」阿姨瞪著我：「妳不換衣服喔？」妳有給我時間換嗎？反正換來換去都一樣，索性不折騰。四十歲前，我連面霜都沒用過，出門非常省事，若非後來年紀漸長臉乾得發疼，我可能一輩子都會懶得擦面霜。

彼時出門，若不願跟當地人疊羅漢般地擠公車，日包租，是唯一的選擇，然後就是要不要空調，價錢看司機高興或車型新舊，有時價差可翻倍，尤其天熱時大家都不免要搶有空調的車。Air-Conditioner也是在這種情況下學會的常用字，別納悶，半世紀前在學校認識的英文，不太務實，恰恰有人可以讀莎士比亞原文，卻無法在餐廳點一道菜。我也領教過外科醫生，可以用英文長串開藥單，出門旅行卻畏懼自己去櫃檯買單，理由是：「不會英文！」會與不會，有時讓人很無語。

尼泊爾語言跟印度語文一樣皆屬雅利安印歐語系，又由於地域狹小且臨近國家多而種族繁複，多民族雜居的影響下，以梵語爲主流之下受藏、緬、波斯、英語長期浸染，各區域便發展出獨有的語系，外加英語成官方文字，僅用於民間傳奇故事的本地古老天城文幾不可見。想要界定一方語種，眞的難度太高，尤其是在這小小的國度裡，種族複雜程度，有如天書。

就像在台灣一樣，可以各自說著客家、閩南與官方中文，彼此自言自語能聽懂，照樣對話，不妨礙你堅持說自己的母語。印度人到尼泊爾說印度話，通行無阻。將複雜回歸於簡單的國度，便是如此這般的簡單。

我比阿姨動作還快地跳上車，她啼笑皆非上下打量我：「妳敢這樣出門喔？」台腔台調的官話，有時聽著挺好玩的。「又不是沒穿衣服，有什麼不敢的？」阿姨搖搖頭：「我們今天去看大師喔！妳敢這樣去，我沒意見喔！反正妳又不是我女兒。」她笑得鄙夷邪氣，少見地得意著，恍惚看見了老媽的表情。

已入秋，雖仍炎熱，不算太燥，阿姨替我省錢叫了免空調包租車，因爲往返需時超過四小時的車程，一趟要六百盧布，那年的美金匯率約一：二十二而泥水工的日工資是十盧布。是的，這種數字差，對外來人而言很突兀，最後選擇性遺忘，只根據口袋裡的虛實去消費，無法計較得失利弊。計較得太清楚，會讓自己莫名忐忑得活不下去，雖然每次出門看見前方搖曳生姿搬運泥沙的少婦，都會困惑大半天。

進城、出城、去滿腳濕淋淋的市集，購買蔬果與生活用品當伴手禮，短短的柏油路，數十年不變的坑坑疤疤路徑，進入山坡路時，路況更糟，幾乎是沿途蹦跳顛簸前行，屁股酸疼肩膀僵硬手足無措，忍不住好奇：「大師躲在山裡面幹嘛？」阿姨笑得東倒西歪，愈加無法掩飾地用鄙視口吻答：「妳等下自己問他啊！」也許是入境隨俗的感染力，我學尼泊爾人搖頭晃腦無所謂地表示自己還不至於那麼沒禮貌亂問，好奇害死貓的道理還是懂的，一不小心變成拒絕往來戶，給自己找難受的事情當避免。

好不容易下車，放眼望去，綠油油地心曠神怡。本來覺得千里迢迢送信很無辜，忽然感謝起死活非要塞封信讓我攜帶的人，這種麻煩事，還是有無形好處的。後來才知道，時間與距離，對某些族群來說，根本不存在，譬如，喜馬拉雅山區。

某日收信人說：「我這幾天會有訪客，妳先有心理準備。」又不是我的訪客，爲何要留意？隨口假裝好奇：「今天到嗎？幾點？」收信人面無表情答：「不確定，只知道會來，也許今天，也許明天，也可能一星期後。」看到我瞠目結舌，他隨即微笑補充：「這是西藏人時間，比西方人寬容，給彼此方便。」對於初來乍到的我，感覺被戲弄了，直到很久很久以後，才發現，這眞是兩不煩擾的大方便啊！誰知道，才高興完自己的善解人意，訪客臭烘烘地到了。據說他們一生只洗三次澡，出生、結婚與死亡之日。難怪師父有訪客要事先跟我打招呼，就是怕我嫌棄人家臭。我眞的無法不嫌棄地，逃走了。

翌日，師父述說了這群人來自家鄉的家族，以及這迢迢遠路的艱辛。他們以朝聖的心情，步行而來，並非沒有錢用交通工具，完全是信仰的力量，支撐他們長途頂禮抵達，然後以最恭敬的心供養上師，卽便他們帶來的禮物是我眼中臭烘烘的氂牛奶酪與青稞麥粉。

我很懊悔自己昨天很沒禮貌地逃走了，如果留下來聽他們說故事，或許會成爲我人生中的養分。但那讓師父全然無感的臭味，我眞的是一秒也無法承受。忍無可忍地問：「你沒聞到嗎？」師父說：「我聞了一輩子，這就是家鄉的味道，我聞到時，就會想起春天時漫天遍野的香花異草，冬天時靄靄白雪覆蓋的寺廟，夏天時的美味的果實，秋天時，金燦燦的原野，這是我想起的畫面。」啊！原來還可以這樣啊！臭烘烘炸響出曼妙的場景。

乍見魔法師

無形無狀的上師言教。

我先讀了《Magic Dance》又很艱難地翻譯成中文，才千里迢迢地在加德滿都見到仰慕已久的作者。聽列諾布仁波切 Thinley Norbu Rinpoche，他是敦珠法王的長子，宗薩欽哲仁波切最畏懼的父親。那是一九八七年，此後，又過了十年，才再度相見。當時，我忐忑地要求翻譯他的著作，而他不經心地說：「以後再說！」啊！好敷衍啊！這是答應了還是沒答應？彼時的感受，其實就是很失落，似乎是從此無緣了。

仍然買了仁波切所有的作品後，我被告知他最精采的著作是尚未正式出版的第一本書《吉普賽閒話》（*Gypsy Gossip*），由於書中直言東西方追逐修行利益，外加各自傳統文化的隔閡，引發的種種吉普賽式的閒言碎語，八卦藏傳佛教的雙身佛，而故意忽略嚴謹的每日修持，言辭犀利，痛打一窩蜂假藉修行名義，往尼泊爾享受廉價消費甚至免費吸毒的嬉皮們。當時拿到影印本的我，看得熱血沸騰，原來高高在上貴族般的大師，也可以直言不諱地痛快罵人，沒有髒字，就是像金剛鑽一樣地銳利精準，無法逃脫地讓你痛。據說當年沒有出版社敢出版，因爲在可能的市場對象裡，沒有人會看一本罵遍所有人的書。那個年代，即使是嬉皮，說起修行，還是很自豪的，誰願意承認自己只是懶惰的廢物，不想承擔該有的社會責任，而逃入門檻甚低的修行國度？更何況，大部分的嬉皮，還是高學歷高智商的知識分子。

十年後，仁波切首訪台灣，我當司機送家中寄居的不丹女孩去參加法會，自己不想進去，心裡有點彆扭，彼時對藏傳佛教的混亂現象有很多的置疑，一如仁波切在《吉普賽閒話》書中所言，傳統生活文化價值觀的差異，引發各自的誤解，以及許多鑽空的壞分子，汙染了一鍋粥。就像曹又方問我如何評價藏傳高僧，我說不予置評，她很驚訝，我說：「認師靠緣分，緣分靠累世功德，半點無法勉強，否則很容易出狀況，不如不接觸。」我始終相信，有疑慮就回到本源，佛陀說的話，若相信且理解，便海闊天空，接觸或不接觸高僧，沒有大部分教徒想像中那樣致命。當然，藏傳佛教很重視上師傳承，但這僅限於某些業緣引發的族群，否則沒有絕對的信仰與虔誠心，就只是追逐穿著袈裟的明星而已，圖個歡樂一場。未料，曹又方頗爲認同地不再尋找上師，而我還眞不知道對還是不對，就是覺得她無感便沒有這樣的需求與緣分，倒不如徹底放下。

未料，我被朋友半推半就地拉進擠滿人潮的會場，堅持坐在門口，隨時準備逃走。誰知這麼遠的距離，這麼多的人，寶座上的師父就是能看見你。我只能在心裡說：「有疑問想問，但不想追著你跑，你若願意幫助我，應該能找到方法。」我也不知道自己哪裡來的自信與膽試，敢這樣看著他在心裡說話，也不在乎他到底聽不聽得到。

翌日，我受邀去翻譯，在圓山飯店裡拜訪了闊別十年的師父。彼時，並不知道他會成爲我的師父，一直被他追問：「你的老師是誰？」現在想起來十分好笑，他責怪我跟過的老師們根本沒教好我，言下之意，就該當下拜師才是正理。但我傻愣地一問一答，根本沒想起來要拜師，我這不是去充當翻譯的嗎？怎麼主問變成我了？又想起當年在加德滿都受到的冷遇，原來，他早就知道會再相見，所以也沒浪費時間廢話，該見就會見到了。一切都是如此不可思議地，想當然耳！

在反覆幾次「被迫」充當翻譯（實在不是我客氣，以自己淺薄的佛學認知，眞的很怕誤譯。）後，受邀去紐約上州探訪師父，又覺得硬著頭皮翻譯還不賴，至少，我踏入了據說嚴格限制訪客的莊園。

想起，被折磨的幾次翻譯經驗中，他現場邊說邊亂點鴛鴦譜地隨意讓人翻譯，不管是否錯誤百出，整個下午大家都在滿室汗流浹背中度過，深怕被點名。於是，我開始思考，口譯眞有那麼重要嗎？也許，心譯才是他想要的吧？有回講堂裡一半藏族一半漢人，讓我翻譯，師父一會兒英文一會兒藏文，全要我翻譯，不知怎地，整晚六個小時，我腦子榨乾地完成任務，第二天都還在恍惚地思考，我是如何聽懂他的藏文的？我明明只會說幾句簡單的藏文。

記得大塊文化的廖公看到我翻譯的《迎賓花絮》，這本書一半原文一半中文，讓人可以自行對照，免得被我誤導。他說：「妳眞大膽！」我心跳了一下。他又說：「很少有人敢這樣意譯，所以許多譯本錯失了原味，妳敢用中文去傳達本意，而非字對字地翻譯，這不像是新手幹的事，只有老手才敢。」我呼出一口氣：「只有我師父的作品才敢，其他人的作品，我不見得做得到。」廖公表示理解，譯者與作者之間，要有一定的信任或融入，才能對味。

其實翻譯完這本書時，聽到我只用了十天，受到很大的質疑，只有當時的總編輯王志攀很欣賞：「哇！我從來沒有收到這麼乾淨的稿子，連標點符號都不需要改。」當然，因爲我找了同樣是中文系碩士且有文字潔癖的劉悅姒幫我校稿，我一邊翻譯，一邊傳眞給她校稿，也因此認識了許多用字與符號的本質。

爲避免大家爲難，我打長途電話給師父，表示翻譯這本書讓我受益匪淺，出版社推薦了更專業的翻譯重新翻譯，師父說：「我不要別人翻譯我的書，妳最大的毛病就是要相信自己，將來，妳要寫自己的書。」我淚流滿面地掛斷電話，想起某日翻譯過程中，有句每個字都認得，放在一起卻怎麼都搞不懂的話，苦惱不已地睡著了，半夜三點跳起來，打開電腦，嘩啦啦地寫完師父在夢中的講解，才恍然，我並非眞實見到了他，還打電話給劉悅姒確認日期時間，被罵：「妳瘋啦！不要一直關在家裡翻譯，休息一下，出門走走。」這件事，一直想跟師父當面確認，卻總開不了口，或者他也不讓我開口，每每在沖出口前就被制止。

許多想不通的事情，都是逐漸浮現似有若無的了悟。師父常說：「你若眞想做成一件事，就不要說出口，一個字都不能提，甚至都不要去想，做就是了。」

有年師父臨時讓我做飯給一百四十人吃，那還是我剛下飛機抵達舊金山的閉關房，時差尚未調整，就被送進全然陌生的大廚房。我的腦子眞沒概念，多少分量才能喂飽百餘人。直到第二天收到許多人的感謝與讚嘆，我才醒悟，自己居然做了特大分量的十道菜，餵飽了這麼多人。事後回到家，才感覺這不僅僅是做一頓飯，而是一場大灌頂，因爲師徒之間彼此的絕對信任，我完成了不可能的任務。而重點不在於事件本身，是透過這種不可能的可能，彷彿釋放了重重枷鎖，我心放飛，開始有事做事，全然不去想可能不可能。我敢說，後來許多上我家吃飯的人，都受惠於這場大灌頂，若非開了竅，我怎可能毫無念想地拿起任何食材，都能做出尚稱美味的「古怪」菜餚？

點點滴滴二十載，我從未認眞領受過傳統意義上的任何正式法教，師父總是讓我做這做那，看似毫無意義，做不做都無所謂的小事，我卻勇往無前地當作聖旨，不知爲何，便自然而然地如此這般相處下來，莫名其妙的小事，成爲我往後的上師言教，當然，這是馬後砲，彼時根本毫無念想。

夏日在紐約上州避暑，冬日在加州避寒，多次拜訪師父，最快樂的事情就是在廚房變魔術，而最忐忑的便是繞塔遇到師父，或者裝模作樣地打坐湊巧被看見，我們心照不宣這種尷尬。有年剛到加州沙漠中的度假社區，師父讓人把我灌醉，當場吐出了多年鬱積的胸口燜痛，懺悔被逼酒時頓生的怨念，卻也不好意思明說。有回忽然被師父單獨賞飯，獨自一人坐在被花園包圍的餐桌上，誤以爲不小心犯錯要接受懲戒，忐忑等待多時，一碗素麵端來，無油清水，青菜、豆皮、香菇幾許，我愣神看了許久才動筷，一口驚詫舌尖，世界上怎會有如此美味的清湯寡水？這些年頗爲自豪的廚藝，瞬間崩潰，我太無知了。

當我在師父的茶毗大典上，看見他巨人般意氣風發的笑容，終於知道，他說的：「我卽便不在，也依然在。」他常常說，就怕我們不當回事，一直打預防針。

上師言教，自然是包括他的身體力行，隨時隨地將一切美好事物供養諸佛菩薩，薈供不僅僅是用在法會上，生活中隨處可行，有錢沒錢都辦得到，看見的，就可以做供養，隨時隨喜累積功德。又擔心我們時時犯戒不知所措，便遺言多念金剛薩埵咒，百字明咒或心咒都可以，懶或不懶都能做功課。如此簡單明瞭，沒有高深的學問，再懶都能做得到，這便是傳承的好處，環環相扣地串起了彼此的業緣，互相成就大圓滿。

眞不敢相信，我到底累積了多大的福德，才能遇見如此神奇的老師，讓我淺薄的知識，能閱讀並相信許多深奧的經典，一步一步地撕開並打掃心中的蜘蛛網，慢慢地清明，雖然很慢，但至少我看見了。就在師父被火化的那一刻，給我最後一擊，轟然瓦解累世枷鎖，一點點地撿拾碎片，一點點地看見，如是信解，不生法相。

其實，最後一次看到師父，不太愉快。在尼泊爾山上，我千里迢迢興致勃勃地擠進人群跟他打招呼，他很有紳士禮儀地跟我問好，然後冷冰冰地說再見，我當場傻眼崩潰，很失落很失落！失魂落魄好一陣子，直到荼毗大典上，師傅用幻境甩我一大棒，我們便如此這般地和解了。

布施功德的需求與給予。

台灣人的錢

錢淹腳目，從一九七八到二〇〇〇年期間，經過蔣經國先生的勵精圖治，台灣擁有二十年的經濟騰飛果實。我能如此容易進出尼泊爾，隨時找到工作，也拜時代惠賜。高中畢業進入上市公司掌管四分之一全球約兩百個國家的訂單，僅僅因為我的英文尚稱流利，沒有外貿經驗與學歷，現學現賣也收進了外銷團隊。公司老總無奈地表示：「破格任用妳，因為實在找不到人上班啊！」

話說那些年股市熱潮，狂捲入職場，再加上地下六合彩，鈔票滿天飛，許多人瘋狂下場炒股，根本無心正職工作，才讓我這樣的菜鳥輕易擁有好工作。熱錢，造就許多人的悲歡離合，經濟罪犯塞滿監獄，最後鬧得只能修法挽救監獄空間不足的困境。阿姨賣掉嫁妝一條街，逃到尼泊爾躲避背書支票的債務，正因爲丈夫把生意當成賭博在玩，那年頭，傻老婆比比皆是地吃了牢飯。錢，在這樣的因果循環中，扮演了極爲豐富多彩的主流調味料。

中國大陸在同樣的時間也恰好走向改革開放，卻因爲文革期間的破壞力，家徒四壁，沒能像台灣這樣快速起飛搶占許多國際貿易的先機，而以小島之力累積了全球首富的外匯存底。慢了二十年的經濟起飛，仿若風水輪流轉地，吹向了對岸，也吸引台商鼓起事業第二春地湧入，順便帶回了二奶。彼時還沒有台灣男人娶不到老婆，而有了外勞似的選擇。台灣糟糠妻，等到的就是一紙休書。

台灣島因爲前後衆多來自各方移民，而有多樣化的信仰，甚至大部分寺廟佛道不分，老子、孔子與諸佛菩薩共聚一堂，甚至主殿是關公或媽祖，陪襯反而是佛陀與菩薩，道教扶乩遍布各寺廟，天降神語的，可以是菩薩可以是濟公可以是城隍更可以是各種各樣的神鬼與土地公。據說，不需納稅卻資產豐厚的廟宇，高達數千甚至上萬，規模大小不一，但因扶乩事業興隆累積的香火錢，超乎敢想或不敢想的想像，最熱鬧的就是問賭問生意問婚姻，有問必答的寺廟主。錢滾錢，累積功德賺更多的錢，是多數人走進寺廟燃香膜拜的眞實目的，沒有人會否認。

慣性使然，台灣成爲全球布施與救援最快速慷慨的佛教徒族群。以來有往，有投資有報酬，雖然這份報酬的認知，隨著時代不斷改變，也隨著金錢跌宕起伏後，沉靜下來的反思。開始有人說功德，也有人認眞學習功德的因果，進而提升自己在信仰中需要的力量。

卽便僅僅是鳩摩羅什版本五千一百三十字字的《金剛經》，大半都在說布施的功德與虛幻，開篇就說：「菩薩於法，應無所住，行於布施，若菩薩不住相布施，其福德不可思量。」接著又說：「若菩薩心住於法而行布施，如人入暗，卽無所見。」層層疊疊各種舉例後又說：「菩薩所作福德，不應貪著，是故說不受福德。」但有多少人，就說自認是佛教徒的布施，能夠做到「應無所住」呢？有善意善念又能實際採取行動布施，本不該苛求，但心懷功德，卻無論如何成爲無法挽救的悖論。苛求與否，歸還自心，不容他人置喙，但若眞心實意成爲佛教徒，捫心自問，應無所住，該是最後的標竿吧！？

無論如何，凡事皆有痕跡，天下旣沒有白吃的午餐，更沒有白做的功德。許多人感知到，全面熱衷布施的台灣島，錢太多功德太多，乃至於上自政府下至百姓的胡作非爲，政治一片哄鬧，經濟上下打擺子，人心浮躁，卻始終沒有造成太大的災情，就連夏秋經常造訪的颱風暴雨，時不時地過境就轉向了，風雨，慢慢減少了虐打台灣島。

偶而聽到經濟下滑後，許多失業族群獲得連鎖超商的免費便當，或連鎖咖啡店提供捐贈爲孤寡老弱買餐飲的服務，各地各處的各種善舉，層出不窮，對岸都說台灣不容易出現乞丐死人，緊迫時，總會有人伸出援手。

我常常在思考，到底台灣人經年累月地環球撒錢，有沒有功德？旅居加德滿都閉關聖地時，疊巒起伏的山丘上，環繞著傳說中大師曾經埋藏傳承的洞穴，搭建了許多台灣人捐贈的寺廟。只要有因緣，無論是否是眞正的大師或出家人，都能得到來自台灣的布施，披上迷人的紅袈裟，誰又知道紅衣服下的人是否有傳承是否有戒律又如實堅守著呢？

想起有時在市區用餐，不免遇上喇嘛帶著功德主大吃大喝，而素食朋友哀怨地問：「那穿著僧袍的算不算出家人？」算吧！「爲什麼他們可以吃肉？」我不清楚，據說也有人根本連皈依是什麼都不知道，遊走在受戒與未受戒的模糊地帶，找裁縫依樣做出僧袍穿上，就能到處化緣，然後蓋房子結婚生子養活一大家子人。我認識一位老喇嘛跟我說：「你們台灣人眞慷慨，八〇年代我隨便往大佛塔外一站，就有一團又一團的朝聖者往我身上塞錢，逼我撩起僧袍當兜用，然後眼睜睜地看著他們掏出身上所有的錢給我，什麼都不問就走了。」世上竟有如此白吃的午餐，讓人不可置信。

藏族未現代化前，唯一受教育的機會就是穿上僧袍。也因此無論貧富每家至少會送一男孩去寺廟，至於孩子成長後是否受戒出家，各種因素的考量如家族、本性與資質，都決定了這孩子未來的路，暫時地出家只是取得免費教育機會，對於大部分的貧困家庭，也是一種解除經濟壓力的方式，至於學成畢業後又能再擔任教育工作，甚至派往相關傳承的寺院做住持，對於一般家庭來說，既是光榮更是經濟來源。對於生來不愛讀書，只能長期擔任寺廟底層工作，甚至最終還俗未能完成學業，也至少識字具備了幾許社交生活能力。

所以，藏族穿僧袍，沒有漢族那樣嚴謹，可以從僧袍的樣式判別受戒程度。但無論大、小乘或藏傳佛教，比丘戒都必須有授戒老師，並對其有絕對的守戒誓約，還俗必須慎重告知授戒師。對於普遍尊崇出家僧的華人而言，大部分對僧袍有一定的敬意，自然而然也對紅袍僧一視同仁，而不會想到他們不一定受過戒，甚至也許已還戒。

我在師父閉關房認識的堪布朋友，經常指著山上的寺廟嗤笑：「你們台灣人的錢！」然後呢？「也不認清布施的對象，隨便給錢，造了多少惡業知道嗎？鬧得許多出家人浮躁不安，各個都要去台灣，不讀書不修行，只想去賺錢，輕鬆不勞而獲，你們台灣是罪惡之島，貪婪之島，毀掉多少人的修行根基，妳知道嗎？我發誓此生絕不踏入台灣島。」這不是最佳測試範本嗎？經受不起考驗的出家人，還能繼續出家嗎？無論出家與否，看見自心，不就是佛道嗎？佛的道理，方法不在好壞，管用就好。我們各有立場，互相不讓，論理，目標是一致的，就是氣不爽而已。

看見美好的假象，也是閉關的修行方式之一，關房內外，面對的是同樣的問題，只是關房裡面對的只有自己，剝掉外殼的虛偽，看見內在的虛假，一層又一層地看進去，這才是把自己關起來的眞實過程。

堪布朋友看看我看看天，決定把我送回師父的關房，讓老人家教訓我。可惜，弟子們害怕的師父，我不怕，這叫不知者無畏，完全忘記自己皈依，是有師父的人了。阿姨常說，師父不苟言笑，卻也從不大聲說話，更別提罵人，他只要沉默片刻，或輕言細語幾句，就能把弟子們嚇死，根本不用罵人。而我，完全感受不到他的嚇人之處，每天高高興興地去跟師父午餐，歡歡喜喜地吃飽喝足去散步。

對於我與師父弟子的爭執，師父採取旁觀態度，很少介入。至於錢，重要亦不重要，就看在誰的手上。我可以感受到師父幾乎不需要錢，但永遠能把自己僅有的換洗僧袍，穿得有如莊嚴的袈裟，可以一直傳承下去，如六祖的傳說那樣。

台灣人的錢，有自己的因果，幾十年下來，從錢多多變成錢緊張的過程，我有幸全程旁觀，更相信因果了。有利有弊，利弊交疊，眞實不虛地映照在每個人的身上。隨著時間的推進，我們也開始對功德有了更清晰的認知，雖未能完全做到「應無所住」卻也看見了目標，也算是此生的不虛此行。

住在寺廟裡

閒言碎語不時遊蕩在廟宇之間。

很久很久以後，我才知道，無論你相信什麼，只要人群聚集，都會演變成鬧劇。七嘴八舌中，有多少是隨著時間的演進而添加的香料？乃至面目全非。遑論每個人都會因爲自己的慣性思維，而選擇性地「區隔」眞相。許多人自然而然地嘲笑科技進步，我們可以隨意剪貼照片，卻不知自己經常在腦海裡碎片式採集眞相，再按照自己的愛好與需求，剪輯成想要的畫面，這才是我們大部分時間擁有的眞相。

三十年前的大佛塔周遭一圈民居、民宿、小餐館，外圍是隨意散落的寺廟，從大佛塔入口要找到想去的目的地，必須經過人畜屎尿遍地的爛泥地，彎曲窄小，幾乎只容許一來一往的人通過，多了就得讓路，碰撞難免，沒有人在意，只有我這種初來乍到的過客，才會閃閃躲躲。

不知過了多久，我才能自己找到路回去。也許是一個月後，當我膽壯無知地意外拿到免費加簽，又多住了一個月。

阿姨幫我找一個無所事事的小和尚當隨從，走哪跟到哪，幫我打車找地方吃飯，兼導遊，我則招待他吃喝玩樂，不需要額外付費。阿姨警告再三，不可以隨便給錢，否則沒完沒了，卽便是很有錢的人都會來找你求助。

藏族是天生的生意人，有如東方的猶太民族，阿姨說。大佛塔是藏族天下，表面上是尼泊爾王國借給難民暫居之地，實質上，藏族才是地下市長與市民，至於，眞正的尼泊爾人，進了大佛塔，就是來討生活的，說得直白點，是下人。在那仍然國王說了算的年代，和諧，必須生活其間的人們自己搞定，卽便是皇室垮了，接盤的政權，幾乎沒有改變任何現況，一如既往，有錢能使鬼推磨。誰上誰下，商人從不在意，擁有王權與國土，又如何？

離開台灣，才深刻感受到多民族雜居的弔詭之處，純眞島民看到人來人去的種族複雜，直到去了陌生的國度，才忽然似懂非懂地清晰起來。許多事情，直到旅途結束多年，才慢慢有了感覺，好像視力模糊的雙眼，忽然戴上度數合適的眼鏡，看得見，也額外地錯愕起來。

「我們明天中午吃炒米粉。」貴客臨門？這麼重要的稀有物資，竟捨得拿出來宴客。「還不是爲了妳！他們喜歡吃台菜，我幫妳拍他們馬屁，這樣才能保證妳見到老堪布。」我沒有要見啊！是妳自己要見好嗎？送個信，這麼大費周章，人家不想見客，應該要尊重啊！「妳眞不識好歹！」「我娘也是這樣說我，哈哈！眞巧。」

想起在西門町經營美髮美容院的母親，正在跟父親鬧分居。那年我八歲，經常趁父親出門家教，悄悄拎著只有四歲的弟弟（通常是他哭著找媽媽，所以很小就學會守口如瓶），穿越田埂，小心翼翼避開爛泥，從嘉興街走到和平東路，搭乘十五路公車到西門町，下車的地點是賣鵝肉米粉的「鴨肉扁」，據說老闆來自養鴨人家第二代，捨不得宰鴨就只能殺鵝了。然後，就在店門口的公共電話亭用一塊錢銅板打電話，請母親讓員工來接。從中華路走到峨眉街的今日百貨，很容易迷路，我走到小學畢業都需要人來領路。有時，尤其是假日，店裡人人都在忙，母親就讓我先吃碗米粉，等在店裡，她會派人來付錢。半世紀後，每次去西門町看試片，我都會提早先吃碗米粉，或者試片後再吃一碗，細細的米粉，神奇地，瞬間撫慰日漸衰竭的身心靈。

「那是不是吃米粉吃怕了？」我哈哈大笑：「米粉是餐餐都吃不怕的，妳怎麼做我都愛，那種路邊很難吃的，什麼也沒有，乾乾的一碗米粉，只要是米粉，我會吃光光。」我是米粉肚，萬年不厭倦。

尼泊爾靠山，沒有蝦米，阿姨用印度進口的魚乾手剝成細絲取代，市集裡倒是有紅蔥頭、包心菜、胡蘿蔔與豆芽，再加點肉絲，極有耐性地，把葷腥食材慢慢炒香，才加入蔬菜炒半熟，放熱水，大滾後，加入冷水泡軟的米粉吸乾湯汁，大功而成。千金小姐在異國異地，鍛鍊出好手藝，畢竟是吃香喝辣長大的，怎麼弄出好吃的味道，至少有參照版想像力，八九不離十。我本無期待，入嘴時驚歎：「太好吃了！史上最好吃的版本。」阿姨樂了，得意洋洋地說：「怕妳嫌棄，我比平常炒得更認眞點。」彼時，用的是我們小時候燒的煤球小爐，可見其艱難。

根據阿姨再三強調，今日登門的三名和尚，是老堪布最看重的優等生，其中一人將繼承懸置許久的校長大位，他老人家決定退休，自己先上山閉關，不管不顧，任由學生們自治。

我吃得高興，客人們當然吃得更高興。賓主盡歡好不熱鬧，泥作屋瓦聲震隆隆，屋裡的人都能感受到屋外傳聲甚遠。

翌日，阿姨從市場採購回來，嘰哩哇啦地抱怨著：「這些西藏人，比台灣人還愛八卦，還沒買到東西，就已經被問東問西，累死我了。每個人都在問妳是做什麼的，是我親戚嗎？還是我女兒？我哪裡來這麼大的女兒？妳幾歲？」她四十歲，我二十七歲，怎麼也攀不上這門親戚。只是妳把我照顧得如此周到，很難不被懷疑啊！

他鄉遇故知，我們雖初次見面，也算有緣，相處愉快。還沒出發便已久仰阿姨的雞婆愛管閒事，對於她的熱情，毫不懷疑，幾乎台灣人都或多或少有這種習性，初來乍到便處之泰然，在旁人眼中，自然會認爲我們是故交甚至有緊密的親戚關係。

這才幾天，連伴隨我進進出出的小和尚，且語言不通，他說藏語，我說英文，兩人比手畫腳，勉強能猜測到位，都被牽連出事故來。阿姨邊笑邊敲我房門：「妳知道嗎？居然有人說妳在談戀愛，跟小和尚在一起。」這什麼鬼地方？不是寺廟環繞嗎？哪來那麼多的閒言閒語？眞夠閒的。我好生氣，阿姨習慣成自然，她說：「我都被說得沒感覺了，愛怎麼說就怎麼說，不解釋，愈描愈黑，還不如隨便你編，就跟我無關。」

然後，不知話題怎麼繞的，阿姨開始八卦自己。

「我告訴妳喔！妳不能告訴別人，沒有人知道，我防得很緊，絕對沒有任何人知道，我只告訴妳。」這滔滔不絕的架勢，顯然不可能只有我知道啊！我可沒有聽隱私的愛好。

「如果有時候我不在，妳不要問我去哪裡，我是去約會。如果不是去約會，我會告訴妳，沒說，就是不用問。」啊？我瞪大眼睛，阿姨很鎭定地繼續：「當地人，不是佛教徒，妳不要亂猜，我自己也沒想到，所以很克制。我只是去吃吃飯聊聊天，沒有要做什麼。」喔！妳就算要做什麼，也沒人管得著啊！「我不想惹麻煩，這裡的人很麻煩又很保守，隨便一點風吹草動，就說得滿天飛。現在還有人說妳是我的私生女，終於來看我了。」這故事愈編愈荒謬，也造成我不敢隨便在當地交朋友，僅在阿姨許可下，認識她認爲該認識的人。不知不覺間，已被納入麾下。

既然如此，我便問：「妳離婚了嗎？」

其實，獨居二十年，就算手續沒辦，也等於已離婚。只是當事人雙方糾結，聆聽者也只好跟著糾結一下：「妳到底離婚了沒？」絮絮叨叨地說完前半生，我還是沒聽明白這問題的結論，就此放下，至今沒想清楚。

於是，當事人說不清的故事，旁人可以加油添醬地幫你編劇，各種各樣的版本，滿天飛舞。「我們可是住在寺廟裡耶！」做爲寺院新生的我，愈來愈不會問這樣的新住民問題。當然，聽八卦便起煩惱的我，唯有選擇遠避人群，而恰恰是離群索居者，最容易成爲八卦的下鍋食材。這也是爲何躲起來的阿姨，過段時間，又必須走入人群加入八卦的習慣使然，不被八卦的利器，就是跟著旁人一起八卦。編著編著，連自己都相信了，而忘記當初是編出來的。

這也算是旅居寺廟的奇遇之一，想起《心經》的無垢淨，果然眞實不虛。心無罣礙，便也不會被可說或不可說爲難，總之都是夢幻泡影，一笑了之。

炭爐宴

炭爐法式吐司宴請未來校長，直言不諱地撞擊。

加德滿都的日常，每天醒來，無所事事散步到大佛塔，站在路邊小店廊檐獃看居民虔誠地繞塔，偶有外來遊客闖入，也大都跟著一起默默地繞塔，人再多，也是各自安靜小聲誦經念咒，並不吵雜。看累了，便去雜貨店買可樂或熱奶茶，坐在店門口的板凳上喝完，再踱步踩踏爛泥回到屋前廊檐外，就著水龍頭清洗雙腳，再回房等阿姨來喊吃早餐。雖簡便，卻也熱鬧得像西式早午餐，能吃很久，配料就是葷腥神佛不計的各種新舊聞。

幾天下來，方圓百里的八卦，也聽得七七八八了。

雖初來乍到，吃久了，自然會不好意思，便要求露一手，做個旁人沒聽過的French Toast來敦親睦鄰。主要是食材簡單容易取得，奶油、牛奶、雞蛋與吐司，都是當地的廚房日常用品，奢華點，乳酪與酸奶的種類也比台北豐富，這裡是奶製品國度，難怪洋人多半可以輕鬆自在地窩幾個月，台灣遊客住上兩三天便哇哇叫，直嚷嚷要去加德滿都唯一的中餐館，還是又鹹又辣的川菜，只能湊合著，邊吃邊挑剔這不對那不對，卻依然是高朋滿座。母體食味，似乎是大部分人的致命慣性。

寺廟廣場上，走過一群壯碩高大的僧人，彼此熱絡地寒暄著，勾肩搭背，似是許久未見，都是陌生面孔，平時老弱殘兵的寺院，忽然熱鬧起來。阿姨在走廊上邊忙曬衣邊八卦起來。「老堪布今年必須決定接班人，他要閉長關，沒有出關日期，幾乎已確定校長接班人，重要的學生都回來了。」阿姨相當勢利眼地欽點英雄榜，開始細數邀約話題中心人物的名單：「優等生中的優等生，妳乾脆跟他們混熟點，直接要求一起上山幫忙翻譯，老堪布肯定會重視。」不過就是一封來自哈佛大學校友的問候信，有這麼複雜嗎？我記得朋友轉交時，再三言明問候老師而已，沒什麼重要事，萬一弄丟了也不要緊，免得我拿在手上如燙手山芋。

阿姨從晾衣竿上取下曬了一周的鹽漬芥菜，讓我泡水放軟，水盆裡的菜乾慢慢變得碧綠，我驚呼：「雪裡蕻！妳會做雪裡蕻啊！好香好漂亮。」阿姨哈哈大笑：

「我不知道這是不是雪裡蕻，反正變著花樣吃，這裡蔬菜種類少，只能自己想辦法。所以他們都很喜歡來我這裡吃飯啊！妳要把握機會。」阿姨剁著肉末，嘴也沒閑著，絮叨叨地介紹周遭人際關係網絡。

一盤醬香肉絲雪裡蕻，大白菜燉獅子頭、豆腐燒魚乾，據說豆腐是從四川翻山越嶺而來的，口感粗糙，阿姨說：「別嫌了！我剛來這裡的時候，根本買不到豆腐。」國王大道上川菜館裡的酸辣湯，不酸不辣卻鹹得要命，唯有典型閩南語話可以形容：「打死賣鹽的！」我們自製一小鍋酸辣湯，裡面有肉絲、豆腐絲，木耳絲、胡蘿蔔絲、高麗菜絲與豆芽，此外在市集上意外發現了芫荽，最後在打蛋花後的濃稠湯面上撒一把香菜末，上桌時，忽然有過年的喜慶感。多年後，才知道尼泊爾養殖菇菌類的技術來自台灣，彼此農業專業交流多年，難怪市場上經常可以買到價廉物美的香菇與木耳。

菜色豐富，等四名年輕的大和尚上門，各自興高采烈驚呼聲中盤腿落座，卻發現沒有米飯。輪到我上場了，法式吐司必須現做現吃，冷了會很噁心。我就著小餐桌旁的炭爐，一邊攪拌奶油雞蛋牛奶，一邊拿吐司浸泡成泡綿，放入奶油融化中的平鐵鍋，慢火煎著，一片片地出爐遞給訪客們，幾名壯丁三兩口便吃完，根本來不及，轉眼便消滅了整條吐司，彼此尷尬相望。阿姨神祕地從窗外遞進來一鍋白米飯：「妳以為這樣就能打發他們喔！幸好我讓隔壁鄰居幫忙煮好一鍋飯，不然就漏氣了。」

好不容易餵飽來客，我與阿姨慢悠悠地掃幾口殘羹剩菜，匆忙整理杯盤狼藉，端上奶茶，才開啟聊天模式。台腔藏語濃重的阿姨，已能溝通自如，好一陣七嘴八舌，忽然發現我聽不懂，改成英語，愕然驚覺這群相貌特異的出家人，各個口才不凡，果然是菁英族群。

其中，濃眉大眼膚色黝黑身軀矮胖如印度佬的堪布米瑪，尤其言辭機鋒伶俐，卻慨然應允做我的翻譯，夾帶我們上山拜訪老堪布，把阿姨高興得合不攏嘴。老實說，我有點怕怕，本打算請另外一名較為面善的胖和尚幫忙，還沒開口就被截胡，正所謂因緣如此吧！

根據阿姨的消息來源，登門吃飯的這幾位，都有機會也最具資格做接班校長，這次上山，便會有答案。學生們的教養與口才，讓我見識了尚未面謁的老校長風範，一餐飯後，原本興趣缺缺的我，忽然心生景仰，有點期待並憧憬著即將到來的拜訪。

爲答謝，並作爲行前的彼此認識，我邀約堪布米瑪進城午餐，選了新朋友推薦的香格里拉酒店。從大佛塔入口街上叫車，沿途風塵僕僕泥沙俱下，計程車沒有空調，車窗無法關閉，我抓起襯衫，左支右絀地遮臉，堪布米瑪揶揄地看我一眼：「我的紅袍子可以借妳蓋臉，如果妳不介意袍子上面的各種氣味。」我介意，非常介意，但說不出口，只能尷尬地放下徒勞。「沒關係，應該不遠，很快就到了。」堪布米瑪放肆大笑：「如果運氣好不塞車，祝妳好運！」事實上，就算不塞車，也超過半小時才能抵達，半水泥半爛泥坑坑洼洼的彎曲狹窄道路，蜿蜒在矮小逼仄的泥土房之間。我們等於進城又出城，穿越了大半座城，去另外一頭的郊外。

問車程這件事，對當地人來說，問了白問。不遠不遠！是永恆的答案，不管有多遠。而堪布米瑪大概是唯一理性的，對任何事情的描述，有時精確得近乎吹毛求疵，台語說的：「顧人怨！」很久很久以後的後來，我才知道，他主持的辯論賽，是喜瑪拉雅藏人族群遠近馳名的盛會，歐美學者與各方大佬都會不遠千里來參加。給我當翻譯，算史無前例的榮幸，我竟然經常嫌煩。再後來，日久天長，我也被傳染「惡習」，對用字遣詞挑剔得顧人怨，明明知道討嫌卻不由自主。

三十多年前的加德滿都，舒適餐廳不多，以星級大酒店爲主，完全英式殖民風格，花團錦簇，跟酒店入口之外，是天上地下的兩個世界。

我們走漂亮草坪大花園，進入雪白窗簾遮掩的長排落地窗，陽光燦爛，清風掩映。服務生引領我們在打開的落地窗邊落座，時間尙早，當地人一般到下午兩點才用正餐，而我們近十二點抵達，寬敞的餐廳，似乎被我們包場了。幸好，主客似乎不介意用餐時間，很隨意地客隨主便。

菜單選擇不多，卻分別有西餐、印度餐、尼泊爾餐與中餐，其實菜餚種類很少。譬如西餐只有烤或煎炸雞豬牛羊，印度菜則分葷素與烙餠，尼泊爾菜更簡單，以豆泥米飯爲主，中餐非常特別，只有炒飯與炒麵，看得我哭笑不得。好吧！這已經是最好的選擇了，夫復何求！

我們不約而同地選擇烤雞腿，未料，送上來的是一人半隻雞。我故作幽默地調侃：「大概因爲沒有客人，大廚把整隻雞都給我們了。」這應該算是法式烤春雞，體積不大，還算能解決。但於我對肉食消化緩慢而言，全部消滅完會把自己累死，只能先詢問主客能否幫忙，對方很高興地欣然同意，不忘補充：「再多一份我也能吃。」這是還要再來一份嗎？難怪胖。

伶牙俐齒的堪布米瑪，忽然很安靜謹慎地看著眼前熱氣冒煙的雞，沒有像在阿姨家那樣痛快淋漓大啖美食，我邊用刀叉切割邊評價：「還挺好吃的，烤得剛剛好，你不餓嗎？」

像是換了一個人似的，堪布有點靦腆又壓抑故作端莊地看我一眼：「我不會用刀叉，平時都是用手抓，我們西藏人沒有餐具。」我理解地放下刀叉，用手抓起雞腿便啃。堪布詫異地看著我：「可以這樣吃嗎？在這裡。」我邊吃邊笑：「我付錢我說了算，誰管得著？」堪布開心地用手利落撕扯餐盤中的珍饈，吃得不亦樂乎，像個快樂的小學生。

忽然明白爲何喜歡跟出家人相處，簡單不拐彎，雖然同樣是人。

生與長的環境，賦予每個人與生俱來的許多偏見與固執，不自覺地在成長過程中，如吐司蠶蛹，點點滴滴地自我捆綁，直到化蝶，如果成功的話，據說失敗率不小。而人的遺憾，並非不能化蝶，而是自我爲難至死方休。我羨慕藏人的直接，雖然有時很討厭，卻不煩惱，仿若每天都能睡好覺，無論是否順心順意。

皈依三加一寶

一切的熟悉皆來自找不到的幾度平行空間。

在三十多年來的信仰洗禮之下，我進出尼泊爾無數次，真的數不清，我甚至能記得去過不丹王國十三次，但從來沒想過要去數加德滿都機場的進出，頻繁得讓人感覺像回家，而不是去一個天南地北不著邊的荒遠國度，那真的是跟自己的成長環境與傳承文化完全無關，實在想不通是什麼樣的牽連，讓我腳步不停。我也去了印度無數次，卻永遠感覺很慌亂匆忙，卽便是待了兩個月，心境上，印度讓我緊張汗毛豎立，尼泊爾，一樣的髒亂，卻叫人莫名安心。也許就像尼泊爾人說的，印度人也讓他們恐慌，有種強制的壓迫感，隨時會被欺負的弱雞反應。我聽了，瞬間同理心爆棚，舒服許多。

如今想來，如果把所有的登機證都存下來數數，是否夠買一棟公寓？即便是第一次飛進去，首度上山去拜訪師父，都是如此地理所當然。陌生，似乎不在我生命歷程的字典裡。

一直到進出幾次後，才發現自己似乎是打開了潘朵拉盲盒，那種莫名衝口而出的熟悉感，甚至重複閃現的畫面，有點時空錯亂的慌，也有些尋找回家路的堅決，而無論如何堅持了三十多年，直到師父離世。時常想起師父們說：「妳到底哪裡學來的？誰教妳的？妳怎麼好像早就知道了。」我無言以對，自己也不知道啊！就這麼冒出來的知道，源頭在哪裡？仿若在一定的時空裡，就會自己冒出來。

也許是這樣的似曾相識之感，讓我毫無念想地放下戒心，一次次地飛進飛出，完全沒有感覺不正常。

那天，我就是充當信差，順便滿足一下好奇心，對寺廟的好奇，對有學問的教育家僧人們好奇，更對神祕感十足的紅僧袍好奇（據說很多人對僧袍有黏膠似的誘惑感）。所謂好奇害死貓，這份好奇，占據了我大半輩子的時間，不能說是浪費，卻眞實地讓我無法像「正常人」那樣長期從事一份工作，而是在這往返之間，一家又一家地換工作，甚至跨越了好幾個行業。有時不免感嘆，我大概把世界上大半的打工物種都經歷了吧！其實有點辛苦，卻又有點趣味，沒有財富積累，但無論如何工作能力提升了好幾個階梯，從字條電報，傳真機到電腦的演變過程，我處於上班族最有意思的年代，周邊事物快速地更新，我的腦袋不無聊，隨時都在學習新事物，也很容易找到工作，每一個工作都讓我更容易找到新工作而遊刃有餘。這種自己不是廢物的感覺，特別撫慰人心，讓我從小自己長大的不安，也有了歸一處。

遞上轉交的信後，剛開始語言不通的尷尬（大家都在說藏語而我的菜鳥藏語處於文字階段）讓我轉身便要說再見。阿姨一把抓住我：「喂！難得遇見大師，還不趕快皈依，妳跑什麼？」咦！誰說我要皈依的？什麼是皈依？我就是個臨時信差啊！怕沒禮貌，趕緊跟阿姨解釋：「我是受過洗的基督徒耶！」瘋狂的阿姨抓著我不放：「不管啦！妳趕緊回去皈依，我已經幫妳問了，大師已經答應了。」啥？先斬後奏，還可以這樣，信仰不是很神聖的嗎？怎可如此隨便？阿姨說：「妳能見到堪布阿貝，是妳的福氣，也是緣分，一般人是見不到的，不要以為很容易，送個信就能順便見到喔！」那也不能因為難能可貴就皈依啊？眞要命！可心裡卻很奇怪地安定，仿若本該如此，雖然身體很抗拒。

多年跟師父們相處的經驗，無論我們用的是哪種語言，好像他們都聽得懂，我好幾次想抓包都失敗，轉眼他們就若無其事，很想用英文的Annoying，雖然沒禮貌但我心安理得像是自家人隨便點無所謂。

師父也不管我們在嘰哩咕嚕什麼，直接把我招到眼前，讓我跟著一起念誦皈依咒。接著解釋皈依三寶與上師的意義。他特別強調，既然皈依了三寶，就不可以對任何其他宗教的神明有祭祀頂禮的行爲。我很不識相地問：「會如何？」師父挑挑眉毛：「對妳自己不好，佛不會如何！」然後師父用許多倍於說三寶的時間來解說什麼是皈依第四寶。首先，第四寶在三寶之上，其次，第四寶可以完全代表三寶，無論何時何地直到証悟。也就是說，只要悟道，就可以擺脫第四寶：上師！（我心不清淨地胡思亂想。）

想起師父讓我翻譯兩個月四伽行的皈依大禮拜、金剛薩埵淨罪障、供曼達累積修行資糧與上師相應法的課程，每天晚上七點到九點，眞是很擠壓腦髓，感覺快被掏空了。最後一堂課，師父感謝來聽課的人，也感謝自己講課有功德，更感謝兩位翻譯（師父說法只用藏文以示嚴謹，所以還要有藏翻英的譯者，他的大弟子）不時地當衆吵架。轟然大笑聲，讓我想鑽地洞，一時尷尬得想臉紅但體質不配合。物以類聚，師父的徒弟們都很愛辯論，我們倆翻譯經常忘乎所以地就爭論起來，把彼此氣得吹鬍子瞪眼睛，好似積攢了深仇大恨，從此就要老死不相往來了，當下忐忑不已，卻被這場笑聲神奇地化解。

既然已經笑開了，我便大膽詢問：「結束啦！我記得還沒說上師相應法啊！」師父說：「我一直在說上師相應法啊！天天都在說，妳沒聽見？」啊！滿頭包。師父又說：「要好好修上師相應法，如果懶惰，四伽行前面三項都可以迴避，直接修上師相應法，效果更好。」到底什麼是上師相應法？師父說：「隨時隨地憶念上師！」哦！我怎麼感覺被套路了。師父又強調：「如果不修上師相應法，前面三項等於白修，如果修了上師相應法，所有的法都可以不修。」咦！他怎麼一直在暗示我是懶惰蟲？

上師相應法，分分秒秒日積月累，恍然回頭間，才感受到，原來一絲念頭，也能攢起來，不發霉不散落。在往後的歲月裡，幫助我理解許多深奧的文字與經典儀軌。原來如此啊！我忘記了自己是懶惰蟲，因爲閱讀不再艱難，一切變得輕鬆自然不費力。就像聽列諾布仁波切經常說的，自然不費力，就是佛法。

傳承，透過上師相應法，延續下來。難怪皈依三寶後，追加一寶皈依上師，反而是最重要的，專門對治我這種與生俱來的懶鬼，避無可避地承載一切沒有証悟前需要認知的法。

皈依後，師父讓人清理出一間客房讓我住下，阿姨震驚不已。我隨卽下山拎起行李，興致盎然地搬遷到山上的寺廟裡，彷佛就該如此，完全忘記自己一開始的抗拒。把行李簡單歸置好，便出門去散步，自來熟地賓至如歸，也不需要跟任何人打招呼，天開地闊任我遨遊的山景，呼吸都是甜的，太不可思議了。

安住下來，才驚愕地發現，我竟毫不猶豫地像回家似地隨遇而安。

我經常獨來獨往，既沒有語言不通的困擾（大部分未受教育的尼泊爾人並不會說英語），也沒有身居異鄉的孤寂感。每天像開心的放飛小鳥，甚至日日跟師父午餐時都會被問候：「妳還好嗎？」我脫口而出：「下輩子要做小鳥！」呵呵！師父沒有被我的答非所問驚到，只是說：「六道衆生裡，最難得可貴的，不是天道，當然不可能是畜生道，而是人道，妳知道為什麼嗎？」我不好意思地懵懵中，師父說：「只有人道才能修行，六道其他衆生完全沒有機會。」喔！正想說很適合我這種懶蟲啊！師父說：「進入畜生道，要經過億萬劫，都不一定等得到機會重回人道。」徹底滅了我的浪漫妄想。

太殘忍了，做隻小小鳥的機會都被剝奪，人生乏味。

自幼失怙，讓我既渴望家庭溫暖又對人際關係異常疏離，才會對自由飛翔的小鳥萬分嚮往。不用說話，斟酌地用詞，就只是想飛哪兒便飛哪兒，視野超好，豈不比人暢意快活？用字遣詞地交流，對當年慣性隱然孤僻的我來說，猶如酷刑。一秒都沒掙扎地留在山上，恰是我飲夠了山下嘈雜的閒言碎語，好奇心飽了，正好逃離。一個人，其實很舒服。

每個人都有自己的人生選擇與課題，我恰好在必須結束孤僻的時候，獲得師父賦予的山野自在獨遊，夠了，自己便會回到該去的地方。很顯然，這趟首遊治療了我鬱積多年的孤寂，而上師相應法，恰恰灌溉了我重新面對人群的力量。皈依三寶外加一寶的傳承，果然有其堅強有趣的意義，就像是近年來許多網路醫學家強調的，社交，是最好的防疫治療，想要長命百歲，必須走入人群。這眞是有意思的悖論，離開與重入，難怪要練習出離心，反差刺激體悟，才能眞正享受到好處。

而我能夠輕而易舉地皈依第四寶，實在是天外飛來的熟悉感，一把抓住了傳承吧？

遇見地下村長

在加德滿都遇見來自台灣的地下村長，首度民航機之旅。

初二受洗成爲基督徒後，我規定自己早晚自習讀一篇章《聖經》，中學畢業時，已看完四次新約三次舊約，對耶穌與耶和華之間的差距，有了初步概念，一如畢業離開華興育幼院後，走訪各地教堂的印象，覺得那是封閉型信仰，對缺氧的我而言，有如密閉恐懼症的啟動，仍愛《聖經》故事與許多座右銘般的語句，但逃離集體信仰的人群，是自我拯救的選擇之一。

《聖經》，對我的啓發，比世界文學作品略重，因爲直指人心與生命，童年失怙的悶棍，經由規律性閱讀，幫助我逐漸抽離悲痛，嘗試用瘸腿站立。我很小就知道，也許就是耶和華說的，神住在心裡，誰也拿不走，也不需要拿別人的，力量，只能自己給自己，悲憫，亦如是。這也是我後來看佛經毫不違和的原因，語句不同，卻神奇地相似，至少，面對周遭世界，足矣！

由於父親從嘉義空軍基地退役，我們得以搭乘雙排板凳式座椅軍機，搬家到台北，一下飛機就吐了，那年代的飛機晃得人頭暈，再度有機會坐飛機已二十年後，朋友給我綽號「陳大膽」，竟獨自出遠門，無依無靠，手上拿著一封信，便飛去了陌生的「落後」國度。說人家落後，並非無緣無故，彼時台灣也不過是開發中區域，沒有多進步，到了加德滿都才發現，人還可以更原始地活著。

所謂原始，亦只是貧富差距的現象，一九八五年的加德滿都，有咖啡有冰淇淋，一旦離開王宮大道的柏油路，塵土飛揚，上街一分鐘便灰頭土臉，恨不得從頭包到腳才出門。而這條唯一的柏油路，據說是中國大陸捐贈的，初到貴寶地的我，非常震驚，忽然有點明白爲何當地人勸我別說自己是台灣人。

因緣際會，做信差，讓我可以在全然陌生的國度免費打尖，卻仍然驚險萬狀地虛驚一場。走出機場，打仗似地上了三輪車，全身繃得緊緊的，拉扯身上衣服包住嘴臉，抵擋迎面撲騰扎人的飛沙，還有多餘的心思，擔心手上地址不管用，害怕車伕亂跑，神經兮兮地告誡自己，萬一，一定要備好萬一。

從前，總以爲自己如此依戀老師，是因父母早早離異，且幼年失怙，而像個有待彌補的大洞一樣，渴望長輩們疼愛。直到自己也老了，才終於明白，即便父母雙全，九成九的人並不懂得彼此憐愛疼惜，在與不在，都是洞，差異微乎其微。朋友中，有許多眞心疼愛孩子的人，跟他們在一起吃吃喝喝，沒做什麼，便獲得了極大的滿足，甚至是療癒。有時，看著便足夠，不一定要自己擁有。

落後環境，相對容易遇見純粹的純樸，我的一路自我驚嚇都是多餘，後來才知道。多年後的尼泊爾，觀光客愈來愈多，國際救援的入駐，讓人心浮動，錢，在空中飛，無論你從事什麼行業，都會不安，包括本該靜靜坐在閉關房裡的人。

風塵僕僕地抵達大佛塔，彼時自由進出不收費，雖有季節性的朝聖人潮，怎麼也比不上如今的觀光客人流。沿途人不多，地面泥濘砂土滿天飄揚，到處都是穿著紅袈裟的小和尚奔跑嬉戲，大點的孩子們甚至就著地面玩大富翁賭錢，地面上，散落著狗屎牛糞，沒有人在意，彷若那就是泥土的一部分。大小孩小小孩們，就像是沒有大人在家地野蠻生長，那畫面，人畜不分。就在一驚一乍間，好心的車伕沿途詢問，很快找到了收留我的人。

飽讀詩書的嬉皮們，眼中的香格里拉，長這樣？我想起台北英語老師們，充滿渴望地描述始終嚮往的尼泊爾，年年往返，存錢，只爲了去喜馬拉雅山腳。

身穿白衫與粉紅秋巴（藏族款式長袍統稱Chuba）的女人，笑臉盈盈地拿著我的信，看也不看就說：「妳住我隔壁吧！房間剛好空著，妳運氣好，裡面的人剛搬走，床鋪棉被都是現成的，我剛洗完曬得香香的，妳放心住下吧！」自幼不喜歡粉紅色的我，瞬間改變了對顏色的偏見。她說：「妳不必知道我的名字，反正大家都叫我阿姨，西藏人也這麼喊我，在這裡，我的名字就是『阿姨』。」我說：「那封信……」阿姨手腳利落地幫我搬行李入住：「別緊張，先住下來再說，收信人住很遠，妳今天見不到，安頓好了再商量怎麼送信。」她不看也不打算還給我，那封信很忐忑地掛在心間遊蕩。

就這樣躺在一張陌生的木板床上，雙目圓睜，腦門清澈，愣愣地看著窗外黑夜裡不太眞實的滿天星，想起父親走後，我被帶到華興育幼院，一夜又一夜地失眠等候，也許，父親就在窗外招手，立馬就能讓我離開「牢籠」，一直以爲，住進了監獄，離開後，才明白那是唯一的家。

翌日，睡眼朦朧中，阿姨敲門：「快起來吃早點，我都做好了，趁熱吃！」半台語半國語的親切語句，將初入異鄉的不安掃盡，我匆忙更衣到門外廊道上打水洗嗽，略微修整便走入隔壁冒熱氣的房間，阿姨竟然就在窄室裡安放炭爐小灶，堂而皇之地在屋裡正中央，烤完四片吐司，做了炒蛋與荷包蛋，還有切得很整齊的番茄與小黃瓜，看樣子，是自助式三明治。「妳就隨便吃吧！這裡沒得挑，麵包也不如台灣好吃。」我尷尬地立即表明：「已經非常豐盛了，我平常也不講究，有時根本不吃早餐。」阿姨似乎很興奮我的到來，熱情招呼著：「我還煮了奶茶，沒放糖，這裡人都在奶茶裡放很多糖，我喝不慣，妳喜歡甜就自己加。」我也不喜歡糖，其實更討厭有奶的茶，立即不客氣地要求：「我平常喝不加奶、糖的茶，其實，喝開水也可以。」

「看妳瘦巴巴的，這不吃那不吃的，不行，早餐還是必須吃的。」我乖乖地把放在眼前的食物一掃而光，昨日折騰得幾乎未進食，此時正好異常饑餓。阿姨跟我有很多相似之處，直接，見到陌生人用多話遮掩不安，看別人饕餮似地光盤會很高興，高興得秒變知交。

「吃完飯，我帶妳去問租車的，千里迢迢地跑來，至少去幾個聖地看看，才不會白跑一趟，這幾天看看有誰上山去看老堪布，我們就跟著一起去，他老人家在閉關，據說再也不會下山，也不隨便見客，雖然妳手上有信要送，也可能讓隨從交給他，不一定能見到本人，除非跟著他的學生。他有幾位非常疼愛的學生，這幾天陸續剛到，妳眞的運氣很好，我們可以搭便車，他就不好意思拒絕見客了。」既然人家在閉關，不要勉強，反正我也只是順便送信，見與不見，實在無所謂。

「哇！妳有沒有搞錯，多少人想見而沒機會，妳剛好有藉口，光明正大闖上山，還無所謂，我都要巴著妳這封信，才能跟妳上山見大師耶！笨蛋！」難怪她拽著這封信不放手，「那妳幫我送上山好了，我不用去。」阿姨馬上變臉：「不行！妳必須跟我一起去，信是妳帶來的，要自己送，沒禮貌！」又不是我師父，幫人帶已經很客氣，怎麼變成我沒禮貌了？

「雨季剛過，希望爛泥巴路乾了，妳很會選時間，如果是上個月，根本走不動。萬一車子半路拋錨，或者陷進爛泥，就慘了！根本哭天不應叫地不靈，前不巴村後不巴店的，找村民幫忙拉車，還要擔心會不會被包圍要錢，妳千萬不要在身上帶太多錢，都換成小鈔，一點一點地給，不然永遠不夠，完全不給也不行。我先給妳換一點放身上。」連珠砲的嘮叨交代，瞬間讓我有如身在台灣，阿姨，就是個地地道道的雞婆台灣人，活靈活現。

話音尚未結束，她人已衝出去，我剛洗完碗盤，阿姨興沖沖地回來：「妳是不是一直都運氣這麼好啊？」她找到許久不見的熟路老司機，破車才整修完，四個輪胎是全新的，價錢很公道，包租一天六百盧布。當時一美金換二十二盧布，等於一天車錢台幣千元有找，比去桃園機場的計程車還便宜。但是我租車一天要去哪兒？這位剛認識的阿姨，妳怎麼說是風就是雨啊？我兩眼呆滯地看著她，甚至還沒完全睡醒，不知身在何處。

「我都交代好了，妳不用管，司機會帶妳走，很輕鬆的。你身上的錢夠嗎？不夠我可以先借給妳，回台灣再還就好。」妳這個丟掉護照、沒身分、過期居留、買假護照的台灣人，根本不打算回家，我如何在台灣還錢給妳？

這種拍胸脯說話的姿態，好台，南台灣風情飄落，驚魂未定，卻忍不住大笑。

神通廣大的阿姨，其實掌握了方圓百里的住房，外地訪客，給不給住，收不收錢，都是她說了算。

很快，時間像跳蚤，急也好，不急也罷，在你沒感覺的時候，早已溜得無影蹤，或許留下了啃噬的遺痕，證明他來過。阿姨滯留加德滿都已二十年，這不算短的歲月，未曾讓她思念家鄉？嫁妝一條街的豪門千金，爲何讓自己淪落至此？「我打算回家了，就在今年或明年，父母年邁，再不回去就見不到了，等我確認這本護照能登機，回去就能重辦。」那年她四十歲，我二十七歲，看著風華正茂卽將垂瓣的她，思索著，我四十歲的時候將如何？

才到第一天，阿姨就擔心我錢不夠，這處處爛泥的國度，實在不像是很快就能讓我阮囊羞澀的啊！她似乎看懂了我似笑非笑的表情，立卽補充：「妳還要住很久耶！這裡廟很多、大師很多、乞丐很多，再多的錢，一不注意，很快就花光了。」喔！初來乍到，要繳稅啊？果然沒有白住的房。「給不給，給多少，隨妳！但是很多外地人經常隨手給了，轉頭才發現身上沒錢，要忍住不給，很難喔！尤其是台灣人，我理解，我以前也是這樣，所以後來大家都找我，妳不知道有多恐怖，害我一直搬家，到處躲人。」那妳爲何一住就是二十年不回家？想問卻問不出口，寫在臉上。

「我有私人原因，躲情債，改天跟妳說。」咦！這句話好熟，卻不像是女人說出口的。「我也覺得自己像男人！哈哈哈！」

第五章

我心中的佛法

翻譯《毗濕奴之死》

賤民與貴族的哲學神性置換，打破生死貴賤的二元對立。

這本書發生在一棟孟買的老舊公寓裡，一層層地居住著仿若六道輪迴眾生的等級與信仰變化，卻不論走到哪一層，仍要面對自己的悲歡離合。主人翁是蝸居在底層樓梯間的賤民，以跑腿打雜賺取微薄小費維生，目前瀕臨死亡，靈魂游離在這小小的公寓裡，看盡人生百態與離奇事故，卻也一層層地邊看邊回憶過往邊升級了自己的靈魂層次，仿若一場中陰身的輪迴解脫之旅，從看見別人到看見自己而逐漸昇華。

生長於孟買的作者，從小愛看電影，很自然地把說故事製造出寶萊塢的熱鬧場景，畫面感強烈，又像印度路邊攤小食那樣，各種加料地繽紛，隨時讓人想起打破垢淨甚至信仰藩籬的制約，直探人生色彩的無遠弗屆。

印度教三大神祇創造神梵天Brahma（熱情再生的憂性紅土）、孕育守護神毗濕奴Vishnu（純淨和諧的善性白水）與毀滅重建神濕婆Shiva（無知懶惰的暗性黑火），三合一時的化身稱爲Dattatreya，仿若不斷輪迴融合後的解脫大成就者，不受拘束地以任何元素或形式遊走於任何時空。

多種族交疊數千年的印度人，各自因家族傳承或個人喜好，而有關起門來的私密信仰偏愛，甚至藏在屋裡的隱蔽空間，蓋上布幕，只有祭祀或祈禱時才打開。藏傳佛教，有很多來自印度教的儀軌與生活慣性甚至獨有的價值觀，我從師父那裡聽到的，卻是印度獨一無二的辯思，源自海納百川的信仰與探求眞理的好辯民族性，讓這多神教，愈深入愈有無神論的傾向迷思，仿若老子道德經的有無轉換，難怪有大師找到了互通之處。數千年一直未能統一的國度，正因爲多民族文化與信仰的蓬勃發展，而有了即便是賤民，也能有一辯的能力，最終，雖階級嚴苛，卻並非不能打破，就看自己是否被這濃重的神學哲思進化了。

看了John Zubrzycki著作的《印度五千年簡史》，在四千年前雅利安人入侵時，便已擁有自己的農耕城鎮規模甚至多元文化信仰。若非外來的種姓制度變革，人人平等沒有貴賤之分的先進生活價值觀早已深入印度文明，難怪後來幾經更迭的朝代版圖與先後波斯、希臘、阿拉伯與英、法甚至荷蘭的武力犯境，都未能泯滅印度人怡然自得又包容的民族性，而在融入外來文化時完整保留了自己的傳承文化。在印度長期未能統一的春秋戰國時代，我們看到的是混亂，而事實上，多元激盪出的哲學涵養氾濫肆意，也奠定衍生出許多世界信仰的發源，這一點很驚人卻不意外。即便是才華洋溢聰慧獨具的吉普賽人，亦來自印度，物質匱乏，卻高度精神富裕的族群，在印度比比皆是。這種外表邋遢卻實質強悍的民族性，很顯然地獨一無二，也造成了今日世界各領域裡，獨領風騷的多半是印度人。

印度人好辯的程度，真不分教育程度，可以大字不識一個，卻能滔滔不絕地從天明辯論到翌日，甚至幾天幾夜也不在話下。我自己就最喜歡在印度殺價，只要能說會道，即便是五星級飯店裡的商場，也能殺到四折甚至三折，滿足而歸。重點不在買到歐美人士無法想像的價錢，而是砍價過程中，你來我往的口舌之爭，爭得涕泗縱橫，雙雙樂趣無窮，完全忘記了彼此之間的語言隔閡。

難道神性所代表的不過是某種時空的符號，透過「明心」的辯論，在轉換間的任意切換門裡，運用輪迴概念，而把人性昇華爲淨化後的神性？！

印度教涵蓋了五千年源流生成的原始宗教，公元前三千年就有農耕、畜牧、灌溉與城鎮發展，對菩提樹的仰望與跪拜祭祀亦有遺跡可循。四千年前雅利安人入侵後的婆羅門教，以及西元前後恆河邊熱鬧多元兩百多王國激勵的哲學辯論，當時逐漸勝出的佛教與耆那教，後來又因爲高難度的戒律，雖揚名四海，卻在自己的國度裡式微。多民族透過歷史長河融入的印度教屬於自然崇拜多神教，山川河流日月星辰皆成神，可以是投射，也可以具象崇拜甚至自我超越的過度，就看自己的哲學涵養與靈魂層次走到了哪裡。

我曾在恆河邊被當地哲學碩士生問：「什麼是佛教？我們的哲學課程裡沒有，聽說在你們的國家很重要，印度幾乎看不到佛教徒了。我很好奇佛教的內容是什麼？有多神崇拜嗎？還是只相信佛陀？」沒想到，我被卡住了，好難回答的問題，一如印度信仰的複雜度。據說旅遊業發達後，愈來愈多的東方佛教徒來朝聖，刺激某些學者回頭研究佛教，至少先保住旅遊資源。我自己造訪過號稱佛學專家的印度學者，聽了一場那爛陀寺院的課程，差點沒吐血，簡化後的佛教史，慘不忍睹，距離他們說起印度教口沫橫飛的恣意神話，佛教的在印度擁有的內容，堪稱可憐。

胡因夢把我推薦給心靈工坊，接手重新翻譯父親是政治犯的 Gita Mehta 以濕婆神爲主流投射的《河經》（*A River Sutra*），又翻譯了 Manil Suri 著作的《毗濕奴之死》（*The Death of Vishnu*），當時作者計劃把印度教三大神祇，以電影手法將衆生百態市井生活融入寫成三部曲，而我在翻譯期間，借居紐約公寓，恰巧聽到了他接受採訪長達兩小時的廣播，這種巧合既驚喜又驚嚇，我在屋裡蹦跳了好久。出身孟買電影世家，自己卻是美國麻省理工學院數學教授，我驚歎於他抱著理工腦袋的邏輯思維，卻如此充滿浪漫情懷，這種感覺眞的很印度，離我很近又很遠。後來他的確完成了三部曲，卻改變了三大神的主流概念而略作修正，恰是他的浪漫天性所致。二〇二二年回歸本業，寫了大爆炸數據，數學所建構的宇宙，遊走神性哲學與理性數學之間，數學本就是哲學之母，看似衝突卻毫無違和之感。熱愛烹飪與繪畫的數學家，很有濕婆大神的潛值，卻在這兩小時的訪問中，感覺他更偏愛蘊藏豐厚生命力的毗濕奴。

作者在描述賤民毗濕奴歡愛嫖妓的過程，被歐美書評家稱爲性愛姿勢的經典，而我卻因此重新認識了濕婆與毗濕奴之間許多神話故事中，彼此拯救無與倫比的友誼。性學專家應該是濕婆，作者爲何轉嫁到了毗濕奴身上？雖說過程不可思議地精采迷人，性愛，在賤民的生活中，已成悲欣交集的救贖。而救贖裡，若非毗濕奴天性中如海洋般的慈悲，若像是濕婆那樣大刀闊斧，恐非我們凡人小民能承受得起。我猜，這是作者更偏愛毗濕奴的原因，難怪他的三部曲，在寫完毗濕奴之後，濕婆勉強完成，而梵天直接被邈成了女神之城，實在很想大笑三聲，作者是濕婆神化身啊！

我帶母親的遺骨到恆河邊時，那到處遊走的苦行僧沙度昭示著，濕婆才是印度教最受歡迎的神祇，才華洋溢又帥又任性，喜歡用清澈又複雜的眼神，一邊精湛地炫技舞蹈，笑對生死悲歡，慧眼獨具，卻殘忍地慈悲著，既能毀滅又能重塑世界，還有誰能更恣意？

相較於梵天Brahma的頂級貴族形象，只能在階級森嚴的婆羅門興盛時期，受到相應的禮遇，據說如今梵天的專屬寺廟相當稀有，反而能在藏傳佛教的經典與寺廟裡看見頗具功能的蹤跡。愛搞破壞的濕婆上天入地又接地氣的頑皮自在，有能力重建，又具備看透衆生的智慧眼神，更受教徒歡迎，寺廟遍布，甚至隨便路邊就有佛龕，我還見識過，陽具雕塑擺路旁就能代表濕婆存在，香火不斷，被當財神爺膜拜，多功能想像花樣繁多。就連毗濕奴也因爲守護神的功能，而比梵天獲得多數印度教徒的供奉。

歷史學家說，直到被英國殖民前，印度未能統一的最大缺失與優勢，即在於多種族文化的吸收與同化，最大的遺憾，正因爲國度太多，各自爲領導者創造神話，神化了歷史軌跡，而無法傳承正史。這一點，藏族幾乎完整過渡，所有史上領導者都是某某神佛轉世，讓史學家啼笑皆非地考證艱難。沒有歷史等於沒有政權更迭轉換證據的國度，等於自我放棄了國土管轄與擁有權。幾乎滅掉大唐的藏族，是否是被印度帶歪了？

我想起有年被要求翻譯某某藏傳大人物傳記，反覆看了又看，實在無法下手。打電話跟邀稿者說：「這是眞實的傳記？能拿出去嗎？全是神話故事，會有人相信嗎？」當然，我被狠狠地兇了一頓，甚至被懷疑找藉口偷懶。我雖是佛教徒，卻不能在理性的翻譯裡，面對如此這般的傳記，太爲難人了。我還補上一句：「如果是小說，我給你翻譯。」人若在眼前，而非拿著電話，應該會被暴揍。

翻譯《毗濕奴之死》，耗時兩個月，耗能大半年。我感覺翻譯是自殺的過程，愈能消滅自己，愈加快速進入作者的領域，獲得心領神會的契機。於是，翻譯一本書，去掉半條命，很像別人生孩子。彼時，躺在沙發上像坐月子，整日呆滯度日，直到一點點地找回精氣神。

誠然，翻譯一本書，收獲是巨大的。因爲自我之死，獲得了作者的生命，以及書中的神魂。

更因爲《毗濕奴之死》，我又顛覆了既往對賤民與貴族的偏見，讚嘆作者的神眼。閱讀「小說」，幾乎不考驗信任，也不挑戰或許會狹隘規範的信仰，直接走入作者營造的世界，雖虛幻，卻直抵人心。我們何其有幸擁有一位頂尖數學教授去寫小說，遊刃有餘地觀察人性，又能抽絲剝繭地穿透信仰哲學辯思，輕鬆地讓自己死亡，而在虛構的故事裡重生。作者的眼神是慈悲的，也因此，毗濕奴是他創造經典的首選。

功德簿的計算

貼上標簽後失去的價值，悖論裡的真理。

事以密成，語以泄敗，人人都知道卻幾乎人人都會踩的地雷。師父們經常告誡，若想成事，學會閉嘴。年紀輕輕總是不服氣，直到日漸衰老，才覺此言眞實不虛。但凡掛嘴邊的任何事，都會變味，無論當事人願不願意，訴諸語言，必有所失。

《金剛經》：「如來所說法，皆不可取、不可說，非法、非非法。」這顯而易見的悖論，在漫長的歲月裡，日漸見證了生活中的眞相。如來，在金剛乘的密法裡，可以轉換爲「我」，我所言所行，不可取不可說。遊走在不取不說的邊界裡，窺伺生死之間的通路，給自己一條自由進出的大道。

我經常挫敗地發現，愈是信誓旦旦地計較，損失愈加無法估計。細細數來，驚人地呈現了一步一錯漏的遺憾，遠非當下所能算計。就如同我們經常愈描愈黑的背後，其實隱藏著自己不願面對的斤斤計較。明明知道一時心急嘴快，可能帶來無窮後患，依然貪婪地享受著當下的暢想，也許潛意識裡，知道自己並不值「得」。

《金剛經》：「若菩薩心住於法而行布施，如人入闇，即無所見；若菩薩心不住法而行布施，如人有目，日光明照，見種種色。」

我非常相信福德必有所報，而訴諸於口的功德必打折扣。但問本心不問結果的付出，終將有所得。外子就職的忠欣公司，是米其林輪胎在台總代理被法國總公司收回股權後，拿著手中的資金創立。一開始沒有明確目標的邵老闆，決定全權交給子女創業，只關心不過問，唯一的要求是反饋社會，即便是賺錢也要有益大眾，而最有效的方式，是投資教育。即便是回饋也不能一舉燒光資產，總要邊投資邊賺錢才能永續經營，於是，任性的小老闆，專門找自己有興趣想要用的東西進口，順便燒錢進入教育領域。長達二十年的過程裡，不計得失地投入，或多或少地無償支援公益，也從不過問不炫耀，該怎麼做便怎麼做，從心所欲。從創業時的二十名員工到今日兩百餘在職，資金回收，原本失利的進口商品也成網路暢銷盈利，而讓每年的尾牙歡樂無限。這是我看見的，不問信仰，沒有功德算計的眞實福報。

這其實讓我在說長不長說短不短的人生歷程裡，經常無語問天，終究信仰帶給人們的利弊，是我們眼中的得失嗎？幸而《金剛經》說「如來所說法不可取不可說」，簡直是瞬間救贖，隨時管用。

我常跟朋友說，閉關期間，最大的好處，就是閉嘴。人只有在閉嘴的狀態下，才能耳聰目明，原本看似天書的《金剛經》，也忽然變得清晰易懂，明明白白，沒有廢話，卽便是重複又重複的字句，亦重複得層次分明。也只有在閉嘴時，心靜得了了清明，隨便拿起重量級經典，如入無人之境，如魚得水。這種感受，若暢遊天地之間，卽便是處於狹窄陋室，無礙視野開闊。短短五千餘字的《金剛經》，可以讀一次新鮮一次，次次有更加新鮮的心得。

這世上有許多該做與不該做的事，如何做出選擇，我們經常會說身不由己，而我最喜歡在此時此刻，閉上嘴巴，在腦海裡問自己，卽便腦海不比嘴巴安靜。然少了一層僞飾的喧囂，至少，更清晰明確，卽便是此刻亦非終極眞相。

信仰，從小學、中學、大學到研究生的過程，知識的累積與墊底，去認識宗教的源起與發展，將之當作心靈生活裡的食物養分，也許便不會被自我的直拗綁架，而陷入標籤式的價值觀裡不可自拔。在閱盡千帆後，沉澱的一點點粉末，才能拿來製作靈糧糕點，卽便如此，吃進去吐出來的，依然是糟粕，卻不能也不會不吃。

進出紐約往返加州多次拜訪師父期間，慢慢體會了上師言教裡的無言教導，沒有具體法教，而在煮飯、打掃與翻譯的歷程裡，滿滿地宣泄了閃閃發光的啟示，這不是神跡，卻是點滴在心頭的饗宴，看見陽光的自然投射，一切盡在周遭，無需掠奪，任君擷取。師父從不掉書袋，更嚴厲警告弟子們，不要給自己給師父貼標簽，持之以恆地做功課，從裡到外地自我打掃，等候自己的清明，他很用力地說：「Clear!」自然而然，無所從來。

你我想要的功德或福德，從來就在那裡。

去不丹漫遊

悠然神往於無所事事之間，隨時轉世又轉世的靈魂家鄉。

巴洛小鎮的機場，在山谷之間，降落前，不丹特色建築一覽無遺，那是最具辨識度的圖像，任何攝影師都能捕捉出的獨具面貌。水流石塊、木屋、鐵皮頂與五彩窗櫺，和寺廟與居家渾然一體的建築格局。在八千米高空上，爭先恐後拍攝喜瑪拉雅綿延高峰的旅人，又驚慌失措地取出相機，連忙急促的喀嚓聲不絕於耳，此時此刻，飛機盤旋而下，鑽入前方可見的巴洛宗(小活佛中拍攝的四百歲寺院場景)，嘎然而止，停歇在小巧玲瓏的停機坪上，莊嚴如寺院的機場建築，呈現眼前，走幾步就到了，不需要機場巴士。

巴洛是前朝古都，四面環山，處處有終生閉關的隱士，熟人可探訪送生活必需品，但他們自己不能離開，那是一輩子的誓言，也造就了許多修行人的神話故事。

巴洛最著名的聖地，是許多客棧房間可以遠遠瞭望得到的虎穴峰古寺，懸掛於峭壁之上，這也是不丹最大的建築特色之一，閉關人專屬的閉關房，淩空而立。據說幾千年前，蓮花生大士與伴侶依喜錯嘉在此修行，留下伏藏（聖典）與祝福，讓往後的修行人，可以在此得到神祕的加持。因此，年年上山膜拜，也成爲不丹人生活中不可或缺的朝聖之旅。

二〇一三年歲末再訪不丹，這該是一九九二年以來的第十三次，有人忍不住好奇問：「妳是怎麼進去的？」也有許多人央求：「帶我去！」至於爲什麼非去不丹不可，很少人有眞正的答案。同樣的風光山色，地球上多的是，甚至更美。不丹王國很小，在世界地圖上幾乎無法存在。去不丹遊走相當不便利，卽便是今日山路略寬，路途不遠的東西公路，也得蜿蜒走上三天才能抵達。眞想把不丹看全，幾乎鮮有人做到，包括當地居民。

如果你願意慢慢走，不丹王國有全球消失中的動植物原生物種，高達萬種以上，是生物學家的寶地。做爲普通人，能不能欣賞，便看自已願意多慢又多麼沒道理地浪漫。我自己，則在崎嶇山影與流水縱谷間，偶見矗立廟宇與農舍，便能安靜下來，無思無想。一段路程，足以撫慰大半年的勞頓。

自不丹王國被鎖定爲低所得國家中百姓最快樂的國度後，這隱藏在喜馬拉雅山脈的香格里拉，就此呈現在全世界的注目裡。立國僅百餘年的旺秋王朝，因連續兩任國王接受英式教育，而開啟推廣君主立憲式的民主，在全民呼喊只要國王不要選舉之下，九成九留洋海外歸國的政府官員們，仍在第四任國王的堅持下，於二〇〇八年第五任國王就任時，完成了現代化的民主選舉。很遺憾，選舉後遺症，讓親友之間有了選邊站的疏離與情緒，原本親密的家族鄰里與鄉民，開始爲各自推舉或欣賞的候選人站台拉票，產生前所未見的撕扯裂痕，這傷痕是否能因傳統信仰與時間的磨合，而恢復往日平靜的單純幸福？外來學者們很關注。

我在二〇〇六年十一月拜訪不丹觀光局，查證不丹王國對觀光客設置高門檻的前因後果，終於了解以訛傳訛的源頭。不丹政府從未拒絕任何觀光客申請入境，只是有邦交又能設大使館提供簽證管道的城市不多，而且本地都市人口極少（十年前首都只有五萬人，而這年剛邁過十萬人的基數）的狀況下，無法提供完備設施讓旅客安全地觀光，再加上必需繳交高額「永續發展費」給政府（二〇二四年爲每人每天約兩百美金，費用係以入住飯店等級設定，入住愈高等級飯店，金額愈高），政府並規定旅行社必需收取每人每天兩百元美金以上的旅遊費用，雖然這價位包括食宿交通與稅金，相較於鄰國尼泊爾、泰國、印度與中國大陸，這算是天文數字的昂貴旅行，旅客數量自然很難隨意攀升，而讓人有受到限制的深刻印象。

不丹人口不到百萬（含尼泊爾、印度以及少數西方外勞），土地比台灣略大，有七成以上是山脈森林，兩成農耕地分配給全民仍勞力不足。目前政府官員多爲佃農之子，早期政府鼓勵西方全民教育，但篤信藏傳佛教的不丹子民仍情願送孩子去寺院接受傳統教育，或留在家中幫農，只好遣送佃農的孩子去城市讀書，彷彿替代兵役，成爲今日首都市民自我解嘲的笑話之一。第四任國王接受英國教育返國後，推廣自耕農，發放國有土地，讓人人有田，佃農愈來愈少，勞力吃緊，成爲不丹王國眼前最大的困境。由於大部分的官員都是從優秀學子遴選，出國受教育後返鄉服務，多半以先進農業科技爲主，因此不丹能夠在全球土壤嚴重被破壞的情形之下，仍保持自己的純淨，這些返鄉就職的官員，居功厥偉。

不丹境內處處河流縱谷，所有的政教合一寺院「宗」（Dzong）多半建築在河岸山丘上，進入「宗」必需經過木橋，在這段越過水面的小小路程裡，平日匆忙的欲望沉靜下來，悠然緩緩進入寺院大堂，謁見大師或禮敬佛法僧三寶，便彷彿滋養了靈魂。不丹人民相信，只要定期進入寺院參訪，靈魂就不容易墮落。

從東到西，座落於喜馬拉雅山脈中的不丹王國，緊鄰西藏，幾乎全民都是藏傳佛教徒，打從出生落地便接受佛教信仰的洗禮，就連名字也是家中信仰的上師取的，因此人人沒有姓氏，只會問：「你的名字是誰取的？」那就宣示了你的家族信仰來自哪一座寺院。這樣的信仰忠誠度，世世代代，沒有間斷。藏傳佛教講究相續不斷，也就是家族信仰加上歷代大師的學識修行，代代相傳後累積的效應，保障了每位相信者的靈魂，不至於有墮落人世間物欲的危險。最終，能夠自我擺脫物欲束縛的人，也就解脫而不再需要信仰，宗教也可以去除了。藏傳佛教的精髓，便是從欲望中的鏡面看見自己，找到解脫枷鎖的奧祕，便能自行走出來。

在不丹的傳統藝術裡，幾乎無法擺脫宗教信仰。舉凡繪畫、雕塑、建築，樣樣有特別意義，就連房舍建好時的儀式，也要將巨大的陽具掛上大門的屋梁，不丹電影《旅行者與魔術師》的開場就有這項儀式的過程。據說如此一來，既可避邪驅魔，又能家丁興旺，與其他世界各地的原始宗教信仰幾乎雷同，台灣偏遠地區的原住民與客家村落也有這項習慣。

不丹人喜歡郊遊，尤其在假日與農閒期，呼朋引伴舉家出遊，往更偏遠山區眺瞰，唱歌跳舞開黃腔，男女之間毫無禁忌地火力全開，滿嘴色情，對於晚輩，算是種另類自然教育。不丹人家族關係緊密，就連朋友也是世代交情，因此集體旅行是常態，也造成了普遍早婚的現象，很少人找不到伴侶。更由於開放的態度，而讓自由戀愛更自由，沒有婚姻的束縛，更少見兩性關係的糾紛。入住，就是結婚，搬出去，便是離婚，大家見怪不怪，習以爲常，也就沒什麼匪短流長的「人言可畏」，八卦，人人愛，到了這裡，成娛樂而非審判。

不丹男人穿的服飾「幗」(Gho) 跟西藏男人的「丘巴」(Chuba) 幾乎雷同，只是穿時裙襬提高到膝蓋上，看起來像迷你裙，圖案多半以條紋或方格爲主，最多裝飾滿滿的金剛杵，象徵威武不屈，有壯膽的作用。

不丹女人穿的「旗拉」(Kira) 做工較爲繁複，平時家居服飾以簡單的寬細條紋爲主，到了重要慶典或必須進入「宗」去見大人物時，才會穿上由自己編織、最獨特又圖案繁複的吉祥圖騰且色彩鮮豔的旗拉，還要外加一條有吉祥圖案的肩帶。旗拉的穿法是將一塊床單大小、未經剪裁縫製的布，從左肩包裹到右肩，在肩膀上以金銀雕花的別針扣實，再用腰帶紮緊。說起來簡單，其實很麻煩，若不緊緊地包裹好，走沒兩步就散了，而且很容易就拖曳得歪七扭八，樣子就會很古怪。但還是比日本和服簡單多了。我在協助下穿了許多回，才基本搞定，不過，若眞要穿得筆挺體面，還是需要有經驗的人幫忙。

我與不丹朋友們經常納悶，爲何皇室成員總能把傳統服飾穿得這樣挺拔，而大部分人穿了大半輩子，卻總是七零八落地出現。就連第四任國王長皇后的私人祕書都忍不住喟嘆：「我們經常一起跋山涉水步行好幾小時，去山區拜訪農民，皇后總能維持著衣著風範，我跟著她這麼多年，到現在也沒搞清楚她是怎麼做到的。」我自己嘗試過，除了事先穿衣的細節不能馬虎，走路坐臥的姿態亦相當重要，皇室成員注重形象是必備的工作，自然會有傳統的訓練門道。

許多初訪不丹的人詢問我哪些是必訪景點。不丹的景色很相似，房舍也因國家保護文物制定不許更改外觀，而始終維持著一致性，唯有登山與稀少動植物，對西方資深旅行家們始終具備強大的吸引力，而年年必訪，因此許多遊客都有當地的朋友，也形成了不丹王國在外交上的助力。我深信這是不丹免於印度吞併魔爪的重要因素之一。

古城巴洛的春之祭典，年年人山人海，不僅僅外來遊客多，每年春天都有重大祭典，屆時來自全國各地朝聖的人，亦讓巴洛打破了慣常的寧靜。此外，這裡有全國最大的博物館，包羅不丹全境的景觀介紹，還有許多歷史文物，包括當年以弓箭打跑英國槍砲的史蹟見證，可以在短短一小時內，認識不丹傳統文化。

布拿卡縱谷的宗，是不丹開國君王霞鍾仁波切第一個建造宗的地點，也是西不丹最富庶的縱谷，此地有不丹唯一的農學院，還有許多靈驗的神祕寺廟與奇人。而布拿卡母子河交流處的宗，則是當年霞鍾仁波切從西藏帶走一尊菩薩塑像，而被藏人一路追殺到布拿卡，當時他在護城橋上當著追兵的面將佛像丟入母子河交會處，而讓追兵撤走。未料，他丟下的是仿製品，真品至今仍保存在布拿卡政教中心的宗裡，當年，宗就是用來防衛的堡壘。

岡帖是個非常美麗的縱谷，物產非常豐富，尤以多種野生動物著名，在這裡一年四季都可以見到許多奇特的生物景致，如著名的喜馬拉雅山區稀有品種黑頸鶴、雪山豹等，在此地經常出現，是熱愛自然景觀旅行家必訪的地點之一。

哈阿縱谷是距離巴洛最近的高海拔縱谷，從巴洛出發約需兩小時車程，可以見到海拔四千公尺左右的生物，以及特殊的高海拔風景，通常到不丹短期旅行的人，會捨棄參觀首都，而情願把時間留給哈阿縱谷。

首都聽瀑目前唯一的旅行價值，大概就因爲這裡是首都，店鋪多，咖啡館與酒吧也相對略多，慢慢地有了夜生活，是長期旅居不丹的西洋人喜歡逗留的地方，對於一般的觀光客，這裡除了官方的參觀場所，實在沒有瀏覽的樂趣，生活機能也許便利些，但如朋友說的：「若非兒子要上學，我情願留在巴洛。」我也有同感，巴洛的悠閒與幽雅，絕對不是浮躁不安的聽瀑能比。

一再進出不丹，最大的原因是朝聖，這裡有無數知名與不知名的聖地，只對藏傳佛教徒有意義，至於外來者，除非是專業生物學家，或登山愛好者，否則，實在不建議選擇不丹王國做爲旅遊的標的，除非你是個不可理喻的浪漫之人。不丹，只適合學習像不丹人那樣，無所事事，漫遊於山水間，即便是耕種，都懶洋洋地很隨性，吃飽喝足，便夠了。

似曾相識

既熟悉又陌生只如初見，夢中即中陰身。

一九八五年在尼泊爾山上皈依時，本以爲會需要很長時間的磨合與互相認識，卻未料，若非一見如故，也被當下邀請入住師父閉關的寺廟，日日一起午餐，話不多，而家常得很自然，彷彿如此這般已多年。

一九八七年首遇傳承灌頂的師父，在彼此犀利往返的辯論裡，逐漸發現了不可思議的似曾相識，這種既熟悉又陌生的感覺，從最初的認識，一直延續到三十年後的今天，始終只如初見。

同年，在尼泊爾加德滿都，首度拜訪長年旅居紐約與加州的師父，才恍然無措地認知，原來腦海裡的我，遠非自我認知的我，師父看見的我，超越過去現在未來，一指鑿開我的意識流，隨意進出，把我嚇得淚流滿面，卻並非驚慌難受。難道，我早已認識了師父許多許多年，而不自知？

一九九〇年在香港受菩薩戒，頂果法王賜予我賢遍巴默法名，如巨人般的大手掌放在我頭頂，念誦著我聽不明白的經文，那過程，仿若不在現場，卻又有幾分熟悉，讓我從此對紅袍有了奇特的親切感。

一九九二年首訪不丹，參加頂果法王的荼毗大典，走出機場時，一種鋪天蓋地的似曾相識，內心戰慄不已。恐懼與期待並存，既害怕又無法拒絕地，一再探索這最後的喜馬拉雅祕境。

師父們相繼離去，讓我體驗了死亡的面貌。依然是某種無法言喻的似曾相識，在生生死死之間，不斷地播放著，仿若剎那有一世紀之久，而恆久也僅只是一剎那。

曾經有好幾位朋友說我會變臉，看不見自己的我一臉茫然，朋友說：「我在跟妳說話時，妳的臉一直在變化，不是情緒上的變化，而是整張臉的變幻，好像是妳又不是妳。」既然自己看不見，只當是朋友的一時晃神。多年後，面對老化過程中的自己，開始仔細看鏡子，說來奇妙，年輕時不愛照鏡子，反而在年老後，會仔細觀察鏡中的自己，才發現，在一瞬間，同時看見好多不同年分的自己，我眞的在時刻變臉嗎？於是，更喜歡照鏡子了。

照鏡子，讓我想到很多很多的似曾相識。既看見死亡過程中的自己，又看見再度重生的自己，如同四季不斷地變化，卻壓縮在剎那間。

追逐紅袍三十餘年後的我，於沉寂中，冒出一丁點脆嫩的鵝黃綠芽。既體驗了自身死氣沉沉的過程，亦翻轉拔出將熄將滅的生機，在熟悉又陌生的幻覺裡，感受著生死之間的剎那與恆常。一點點覺知，一些些體悟，在鏡中看著自己，又不是看自己，如此反覆。

某種只如初見的新鮮感，或許將成爲我中陰身的解脫之道吧！

我眼中的菩薩

無量無數，即隨時隨地。

老師說：「菩薩與佛不同之處，是心中尚存最後一絲煩惱，必須借由幫助眾生，來完成這丁點煩惱的化解。救度眾生，可以有許多形式，可能是身邊最不起眼甚至看不起的人，不必然是偉大，卻都在用某種方式，讓人覺醒。」

「發阿耨多羅三藐三菩提心者，當生如是心：我應滅度一切眾生。滅度一切眾生已，而無有一眾生實滅度者。何以故？須菩提！若菩薩有我相、人相、眾生相、壽者相，即非菩薩。」動心起念想要得到正等正覺，需透過眾生，獲利的，是自己而非旁人。

出版過愛滋病對非洲影響的相關書籍，不以戰地記者自稱的後藤健二，讓人們記住了他的名字與笑臉，然而這不是他想要的，他說：「我來這裡（車臣、阿爾巴尼亞、伊拉克、阿富汗、索馬利亞、敘利亞等世界上最危險動盪之地），是要以報導的形式喚醒世人，關注戰爭的禍害。我去的地方正面對無比艱難景況，但那裡的人仍活著，掙扎地生存。他們有話要說，若我能幫他們把訊息傳遞給世界，就可能促成某種解決方法，若真如此，我可以說，我的工作是成功的了。」後藤不關心戰爭勝負，不介入紛爭不說教，甚至盡量保持中立避免觸怒任何一方，只關注受戰爭蹂躪的人民，尤其是孩子，承受著戰爭衝突與恐懼的孩子們，他說：「是那些人對生活的適應，激勵著我去那些危險的地方報導，我只是跟隨著他們生活的腳步，是他們給我指引了道路。」

「閉上眼睛，保持耐心。要是生氣，或是大叫，那就完了。這就跟祈禱差不多，憎恨並非人的工作……」不斷報導戰地受困孩子生活景況的後藤健二，自幼便祈願世界和平，並以此爲人生志向。被俘前，他預先錄影呼籲，不要遷怒受苦中的敘利亞人民，似乎有赴死的決心。若非後藤執意（日本政府宣告曾勸退多次）單身進入虎穴，並以無法避免的死亡（臨刑前的眨眼密碼：不要救我！）來終結這引起生活安逸的日本，甚至世界關注的長年報導，多年來冒著生命危險的文字與圖片眞相，恐怕不會眞的惹來全面性的震撼影響力。他的和平祈願，因爲自己的死亡，才受到關注。不是他莽撞勇猛，是我們很殘忍。

無論後藤最終是否會被日本政府利用，而引發放寬自衛隊與武器限制的藉口，導致軍國主義復辟；後藤沒有國界地報導戰爭中人民的恐懼不安，終將提醒任何願意思考的人，達成他祈禱世界和平的心願。後藤被行刑斷頭後，多年來的心願瞬間被全球瘋狂轉發，人們記住了他的名字與笑臉，同時，感受著他的心願。他熱切地說：「請不要責怪敍利亞人民，他們在受苦。」此時，我看見了菩薩。

喧騰一時被貼上「腦癱詩人」標籤的余秀華說：「在這麼短的時間裡爆紅，不正常，太不正常了。」她艱難地在貧困的農村成長，嫁給不愛的人，因爲天生腦癱而影響肢體便利，但並未絲毫干擾思考能力，因此感受特別敏銳強烈。

有人眞心喜歡余秀華的詩，坦率直接且有宏觀的意境，即便是遠在台灣的資深編輯，看了我轉發的相關文字，亦大爲激賞，後來發現她在農村成長，且有腦癱殘疾，更驚訝嘆服：「不提正常與否，許多著名詩人，也不見得有如此才情。」不知爲何，我聽了這樣的結論，大鬆口氣，之前深怕自己被「腦癱」與「農婦」的偏見影響而「偏頗」地欣賞她的詩，有些瞻前顧後地，反而不敢坦然直率地讚賞。

她的每一個字，都必須用左手壓著右手，顫抖地寫出來；珍惜每一個字的結果，便是字字錐心，沒有廢字地完整表達感受，甚至讓旁人有數倍強度的震撼。我的耳朵輕微重聽，眼睛弱視加閃光，在耳不聰目不明的情況下，嗅覺特別靈敏，甚至聞得出有些人的健康狀況與飲食慣性。這不需要學，是生存本能。

也有人，在這轟炸式的熱門報導後，將余秀華等同熱點新聞看待，在沒有完整看完她的作品甚至相關報導，便輕易地給她貼上她最不樂意的標簽：「腦癱詩人」，並在她爆紅後，放大她急切與人社交溝通的渴望，甚至在沒有她的同意之下，自稱「閨蜜」套交情。她非常清楚這是一時的「夢幻泡影」，並莫可奈何地迎接這長久寂寞後得到的關注，亦等待著快來快去的熱情幻滅，不無自嘲反諷地說：「記者來了，兔子死了。」記者們擠在她的陋巷裡，大啖她平時聊天吐露心事的兔子們。兔子死了，也告示著她瞭然於胸的人生眞相。

能夠在有限的條件下，承受常人無法忍受的寂寞與歧視，仍保有自我的覺醒，我自問，在比她條件好的狀況下，都很難做到。

余秀華接受記者採訪時，平靜地述說著一切的不正常，旁人對待她忽冷忽熱的不正常，對她讚譽有加的詩詞也冷靜地表明，並不認爲自己的詩有別人說的那樣偉大，只想做個別人眼中的「正常」詩人，普普通通的詩文愛好者。在這所有的明白敍述中，她仍然悄悄地落淚了。那瞬間，我看見了菩薩。

剛接觸佛教時，我總認爲，世界上一切忍受著我所無能忍受之苦的人，都是菩薩，讓我看見苦，卻不必承受，而擁有如此這般的感受與見識。粗淺認識佛學終極意義後，發現，只要任何一件人事物的發生，對我產生覺醒的作用，那就是菩薩的示現，不論是非好壞，更不必有任何宗教信仰的依附與支撐。好人，給我溫暖，讓我知道自己也可以給人溫暖；壞人，讓我警惕，知道自己或許也會有意無意地傷害別人，理解那樣的痛，該有多麼地疼痛。菩薩，是我的老師，也是我的心靈守護者，即便是我並不認識他們。

我的老師曾說：「幫助你的人，是菩薩；接受你幫助的人，也是菩薩；彼此互相成就。」藏傳佛教徒最喜歡繞壇城祈願，老師說，壇城，甚至人們祭拜的佛像與膜拜的偶像，皆因凝聚了衆人膜拜的力量而成就，你的虔誠，就是力量。

台灣慈濟功德會的義工們，有個很可愛的習慣，總是稱呼受助者：「大菩薩」，這來自於他們最尊敬的證嚴上人平日身教。我不期待每天把佛菩薩掛嘴邊的人，必然是人人眼中定義的「好人」或善人，然而，在你給予別人幫助之時，想著別人願意接受你的幫助，對自己將有多大的心靈啟示，單單這一點，在佛學的意境裡，便有無窮的意義。

後藤健二冒著生命危險，只爲傳遞戰地兒童的生活現況，寥盡綿薄之力，從未居高臨下地看待自己的工作，否則，他的心願便失去了價值。無論余秀華的詩文是否值得「專業」等級的推崇，她對待詩文的眞誠態度，便已超越了許多以寫作維生的人，即便是她並未如「正常」人期待地完成學業，而她承受的苦並不僅僅是苦，不以苦來裹挾自己的創作，這就讓作品本身有了本質上的價值。

我無權替代任何人去決定菩薩該是什麼樣子，只知道，我接受的佛學教育，讓我學會看見，余秀華，也是一種菩薩。

走火的空行母

火爐邊看見空行母的另類面貌，破除神女與女神的分別妄念。

自從一九八五年單槍匹馬入境尼泊爾，歲月如梭，三十餘年來進進出出無數次，那是唯一永恆不變的國度，即便政權更迭，皇權隕落，走了一批換來更無法無天的一批人。路邊汲水洗衣，泥濘如故。這裡有很多地震水災，人禍尤盛，卻不知何故，並未影響一貧如洗的人們，笑容天真爛漫，好似天地不仁與我無關，笑，是與生俱來的本能。

一樁偶發事件，讓我想起首訪尼泊爾後種種迷惑，思索三十多年，才忽然想明白一點點的，就是如何定義「空行母」，清朝藏傳佛教經典翻譯成「明妃」，來自印度教的專屬名詞，形容遊走在墳場又遊戲人間的女神或神女，能嫁給王公貴族，也能賣身賣笑，不存在生與死的二元隔絕，絕對的自由，引來景仰與唾棄的模糊面貌，端賴觀者擁有多少智慧去看見幾層眞相，而無論你怎麼想，眞正的空行母，丁點也不會在意。

一開始，我只接觸過尼泊爾的三類族群：藏族難民、做佛像與做衣服的尼泊爾人，而這兩類尼泊爾人，也都跟藏族的生活市場相關，甚至語言也互通。基本上，人在尼泊爾，生活在藏族圈，對於眞正當地人，知之甚微，我如同走入戲院，彼此之間的關係隔著大螢幕，徹底成爲絕緣體，互相觀看而已。看著看著三十多年下來，有觸動，卻無法直接接觸，仿若自己就在螢幕外，有再大的情緒，畢竟是局外人。直到陪同慈濟賑災團隊走訪邊境，才驚悚地眞切看見，我所認識的尼泊爾，遠遠超越想像。

六十歲後愛上烘焙。烤箱，給我上了一堂瞠目結舌的課。

唯有爐火能讓思慮跳躍的我安靜下來，因爲熟成與烤焦之間，僅僅分秒差異，即便是定量定時的配方，不同環境與氣溫，對有經驗的烘焙師來說，仍有致命性的關鍵考量。

師徒之間的課題，亦若是。尤其事關信仰，擦槍走火，僅止一念間。

我喜歡用手感而非數據，烘焙是最直接的考驗。有幾次，參考專家數據，而懶得思索今日麵糰該如何調整時間與溫度，都瀕臨烤焦邊緣，被我的狗鼻子搶救下來，差點燙傷，驚魂後，才想起盡信書不如無書。老師教你的，是自己的經驗值，而你面臨的考驗，很可能全然不同。

大部分人很懶，總希望別人給標準答案，照做卽可。我在學學文創教烹飪時，就有學生逼問我用的是什麼品牌香料，若我回答是伊斯坦堡的埃及香料市集，你會爲了一道菜飛過去採購嗎？我會，但不僅僅是爲了一小瓶香料。一堂課，學的是「自學」之道，而非照本宣科，否則，看書就好，何必上課？我不是有耐性的好老師，非常需要自立自強的學生，一堂課看管六座火爐與兩個烤箱，瞬間便會失手，實在無法應付瑣碎之事。終於明白許多大師上課，只教一道菜，萬無一失，只有我這種名不見經傳的特別貪心，總想一堂課就教會你所有的事。

其實，我也曾經以爲烘焙大師必然有經驗中汲取的「標準」程序。最近兩個月頻繁進出烘焙坊觀察烤麵包，才發現，卽便站在烤箱旁三十年，也沒有標準溫控。

天時、地利、人和都是參考數據，天天擀麵，各自有手感，些微差距仍可能是關鍵性的差距，做愈久才愈能看清那微小差距有多致命。大師，依然要在設定時間溫度後，頻頻觀察烤箱，根據發酵速度來判斷出爐時間點，我驚呆了。

盡信書不如無書，再次出現腦海中。老師很重要，但這不是我們賴上的理由。

這幾天，有人詢問大寶哥桃色糾紛是眞的嗎？老實說，我也想知道眞相，雖收到不少相關信息，但羅生門會是最終結果，你我心知肚明。統一而堅決的標準答案，不存在於這萬分有趣的人世間，就像我觀察酵母愈久愈興味盎然，正因其隨順餵養方式產生活力奔放的變化，而刺激著餵養人的持續動力。

就像給別人上烹飪課的道理是一樣的，我想倚老賣老地在此規勸「年輕貌美且聰慧」的妳們，人間事是雙向軌道，控訴或抱怨的同時，妳爲自己做了什麼？或者說，妳至少可以爲自己做些什麼。學生，有相對的責任，學習的階梯，不是老師背著學生爬。

朋友失婚後，開始迷戀大寶哥，每年至少去印度一次，遙遠地看看或排隊瞻仰，說上兩句話，便能津津樂道整年，成爲活下去的動力。沒有信仰的人嗤之以鼻，有信仰的人會說，大寶哥的菩薩行法力無邊，慈悲雨露均沾。朋友有回印度行前問想要什麼禮物，我進出印度三十年了，出於個性，渴望趨近于零，仿若失去了任何貪戀。旁觀別人的瘋狂，不免羨慕幾分，有戀便有情卽有溫暖，何其可貴，冷冰冰地活著很無趣。我笑朋友，妳這追逐大寶哥的行爲，跟粉絲貪戀明星美色有何不同？雖然大寶哥的長相的確很性感，帶著某種層度的危險性。

順便補充，空行母，不一定就是「母」的。明妃的妃，在藏文裡的意義是伴侶，並未指出性別。

藏傳佛教看似無章法，卻有著非常嚴苛的律法，守不守在個人，師徒之間發生什麼，後果自負，沒有人可以救妳。有一條規定非常清楚，漢人津津樂道的雙修法，無論實質內容是什麼，首先妳必須問，有無比丘戒？戒律，比生命還重要。從服飾上無法判別，只有當事人知道。其次，修行人無論遇到女神還是神女，都必須得到明確的「許可」，才能發生性關係，再強調一次，後果自負。妳知道自己是誰，再決定要不要「聽」別人說妳是什麼。攀龍附鳳，絕對是妄想，人間沒有一步到位的升天術，封閉性極強的藏族區域，更難，人世間的階級已難踰越，遑論修行等級，那是另一座若有若無卻戒備森嚴的皇宮。

這不是哲學題，人人都在問我是誰。我說的是，妳明確地知道，自己在哪裡扮演什麼角色，時空明確，沒有模糊條件。

通常，口口聲聲說妳是「明妃」或「空行母」的，肯定是騙局。我爲何膽敢這麼說？經驗談。在藏族圈，空行母說的是「免費」妓女，不僅僅讓大師睡，而是人盡可夫，才是合格的明妃與空行母。很難聽，但這是事實。否則，無垢淨，不成了廢話一句？歷史上著名的藏王，除迎娶文成公主的松贊干布外，就是振興佛法的赤松德贊，他把自己的明妃送給迎請而來的蓮花生大師，毫不猶豫，你可以說這是皇家事，但當事人依喜措嘉全然接受，做蓮師的弟子與明妃，成爲「空行母」典範，歡喜信受，且在修行過程中，又用身體度化低階路人甲乙，未曾動搖信念，這便是藏傳佛教的經典案例。空行母，不僅僅屬於上層王公貴族，她必須服務「衆生」，且不猶豫不動搖，心甘情願。對的，心甘情願無所求，才是關鍵。她唯一想要的是解脫，其他都不重要，而「解脫」，並非有所求之人能夠理解。

說到這裡，妳還不明白？那我可以更狠毒地說下去。

敲門的若不是地位崇高人人景仰的大寶哥，妳會開門嗎？門開了，第一次，妳可以控訴，無論眞相如何，大寶哥絕對有罪，因爲他比誰都清楚什麼是戒律。有二有三，人家不要妳了才控訴，爲何不怪自己眼瞎心盲？藏族區域甚至在不丹，或者母系社會的族群，開門就是結婚，離開就是離婚，女人決定誰可以進門甚至上床，進門了不順眼也有權趕走，男人有權決定去敲誰家的門，即便上床了，天亮就必須離開滾回自己父母家。家產留給女人，因爲不論小孩跟誰生的，都是女人養。漢人針對女性的貞操觀，在遠古地區各民族不管用。階級意識特強的藏區，性生活自由，沒有婚姻約束，但層級分明，絕對不容許任何人打破。

以大寶哥的身分地位，在藏傳佛教圈裡，任何女人送上門，都是八輩子修來的福氣，我眞沒有危言聳聽，只要去參加任何一場大寶哥的公開活動，就可看見來自世界各地的女人花枝招展爭奇鬥豔，有如參加選妃大會。逼得大寶哥宣布參加法會須知：穿白衣！當然，即便是白衣，只要有心，也能打扮得仙氣飄飄或妖嬈逼人，起心動念昭然若揭。在漢人眼裡：這不成了邪教？正爲避免成爲邪教的大寶哥發愁，才想方設法去規範追隨者自律，規矩定了，能否實際要求，眞是憑運氣。

我告訴朋友：「妳可以幫我帶一張大寶哥的簽名照，當面簽，事先簽好的我不要。如果拿到了，我就去見他，好奇廬山眞面目很久了，但動力不足，不勉強。」朋友直說不可能，我說：「賭一把！」結果她很興奮地帶回簽名照。大寶哥看到她第一眼還沒說話，就讓她拿出照片：「妳不是要我簽名嗎？」把朋友嚇得直哆嗦。

我轉手送人（沒有占有欲是天性），也履行承諾去見了大寶哥。雖只說了一句話，面對面，仍然很震撼，語言文字無法表達，總之，這是當今之世最美好的人設了。未料，大概誰也想不到，這幾天，美好的大寶哥人設也毀了。桃色，果然風雲變色。我不會得到眞相，雖也有八卦之心。無論女方是精神問題自我幻想還是眞有其事，都不關我的事。只想說，做一個現代版女人，妳享有絕對選擇權，自然也有隨之而來的責任與無法預估的代價，世上沒有免費午餐，免費往往變成無價。

多年來，我發現一件非常詭異的事實，有信仰的人，特別不懂得疼惜自己，信仰愈強貪念愈大而適得其反。日子過得清朗爽快的人，多半沒信仰，該做什麼做什麼，知道適可而止。當然，我在經典裡慢慢學會了，從不疼惜自己，逐漸走向自我疼惜，據說，這需要福報遇到對的老師指引正確的方向。

吃好睡好，原本是每位心靈大師都會勸慰弟子的祝福話。這麼簡單，誰做不到？卻偏偏，能做到的人，微乎其微。

連專業烘焙師都沒有恆溫定量，我這種不守規矩亂丟分量的廚房頑童，更需卯足了專注力，才能維護出爐麵包的品質。做一只果腹麵包尚且如此，何況人生大哉問？妳豈可隨隨便便，絲毫不經大腦地，就自我毀滅還帶上別人？在妳提出控訴的當下，是否清楚檢閱了起心動念，以及實質發生的狀況？

說我自己吧！活到一甲子，今生唯一跟我求過婚的男人，是和尚，有戒律，三十多年前。我明確地答覆：「我很喜歡你，但不想你為我破戒，你可以為任何人還俗，但不可以是為了我，我不想背負責任。尤其是你已為人師，即將當校長，如果你僅止是小和尚，我還可以考慮。你現在的身分，不僅僅是為自己，還有許多跟隨你的學生以及對你付出期望的老師，我們共同的老師。」責任與身分是孿生兄弟，你選擇了如此出生如此成長，便要付出對等的代價。至於你說我是你需要的空行母，抱歉！你還沒抵達需要的等級，而我，也未明確相信自己是。幸運地，他很有智慧地哈哈大笑，認同我的想法。

我清楚自己不是，卻能站在火爐邊，慢慢看清了，誰是。

三十三年，說長不長說短不短，有幸弄清楚一樁事，也算非常有福報的了。尼泊爾，仍然是我心目中的香格里拉，最後的地平線。

佛龕供桌上的水能喝嗎？

心淨水淨，供鬼神與供佛的區別。

我有很多想當然爾的慣性，對許多人來說，是艱難的選擇，一再被選擇困難症的人詢問，才發現外子會說：「妳每次都一步到位，我們是有過程的人，妳不可以直接就跳到結果，結果不重要。」結果很重要，但顯然不是那麼重要，如果失去了過程。

我學會放棄過程，要感謝選擇困難症的朋友，讓他們直面自己的選擇，抽絲剝繭查看思維動向。因爲，事關信仰，最終還得自己心甘情願，別人說得再多，只是增加干擾，看似在幫忙，愈幫愈忙。卽便是一無所知，答案經過了專屬腦海，作用力遠遠比閒言碎語管用，不論那些話多權威多豐富多麼有分量。推銷，只在開始看似很有用，過程裡層出不窮的問題，是雙方製造的業緣。業，沒有善惡，只有捆綁與桎梏。

多年來，我一直在思考爲何佛陀要有八萬四千法門？明明很簡單就能解決（這眞不是我說的），也有許多歷史上的驗證說明，即便只用一個字的任何菩薩本尊心咒，也能證悟或至少取得一定的成就與明覺，因爲純然專注。這麼多的法門，讓很多人忙不過來，對選擇困難症患者更是折磨。其實，就算沒有顯而易見的選擇困難，我們或多或少也會在自己萬分在意的事情上糾結不已，浪費時間精力折騰出更多的自我茶毒。

對於供佛後的水是否能喝，朋友上網認眞查詢後，找到大師們各種繁複的解說與警示，更困擾了，轉而問我，我說：「很簡單啊！妳喜歡哪個就選哪個，哪種方式讓妳更舒服，就堅持下去，沒煩惱！」「不是，我更煩惱了，我開始追究自己是否犯戒，會不會受到懲罰？我一再自責自己的心思雜亂不如法。」嗯！原本坦然自在的我，愈聽愈跟著糾結起來。我不理解他，他也不理解我，我們之間往返不斷的問答，只餘下莫名的信任，才能持續。無論如何，諸佛菩薩不會懲罰你，請相信我。

閉關後，養成觀察自己思維的紛亂，最大的好處，就是看見然後消失，煩惱可以隨便出現，也可以隨便滾蛋。這種習慣非一日養成，也沒有一步到位，就是看到好處，也就自然養成了習慣。自問自答，也成為生活中的必顯元素。

水，是佛陀最喜歡的供養。佛經中經常說到供養十方諸佛的功德，《金剛經》更是在五千餘字裡有大半都在說布施的因緣法。繞來繞去的功德計算後，其實很簡單，不能不做，卻做完就要忘記。想起金庸小說裡描寫張三丰傳授太極拳，邊打邊忘，直到會了又全部忘記，才算功德圓滿，實在有異曲同工之妙。

初次走進朋友特意推薦的不葷主義素食餐廳，第一眼看見櫃檯牆面上的藏文《心經》，第二眼是找到台位號轉身發現入口處的雪白佛像前，端莊乾淨地放置一碗水。我驚呆了！好美啊！殊勝感油然而生，我很少有這樣的感覺，胡因夢說我有心靈潔癖，呵呵！一語驚醒夢中人。習慣性用挑剔的眼神去看信仰，其實很不應該，卻身不由己。有位看前世的希臘心理師，說我以前在西藏寺廟裡當過舍監，刺激了我的笑筋，像被撓癢癢，很難停下，原來我積習難返千百年啊！

供水，比什麼七供八供無數珍寶的供養，簡單卻意義浩瀚無窮。我無法像許悔之那樣如數家珍地引經據典，水供的功德，有緣便自己找出來。不是我懶，相信便相信，不相信說再多也惘然，這是我說得口乾舌燥的曾經，我覺得簡單，偏偏人間複雜。同樣的一句話，佛說與我說，效果顯然大不同，有時，甚至會朝相反的方向激烈反應，意思是，說不定有人會覺得我說的更可信，佛說的太遙遠，感覺不可及。

因此，苦口婆心的佛陀才會給出八萬四千法門，這只是個吉祥數字，應該是遠遠不止，我們有多貪心，佛陀就能給出多少法門，所以應該是無量無數的。

用正常人的想法去想，或者你可以不厭其煩用科學角度，當然也有人更喜歡以佛陀或聖者經典的記錄，來看水的種種奇幻益處。我們大部分人每天都要洗澡，多半匆匆而就，很少人邊洗邊體驗，簡簡單單的水，在洗滌的過程中，賦予人身心靈的淨化甚至治療作用。我們時刻都需要喝水，不僅僅是人體含水量高達七八成，需要日日更新，同時促進體內血液循環的排毒作用，以及水中含氧量雖少卻能卽時補充到血液裡，如果夠敏感，水之於人體不亞於我們追逐的補品。

潑水節的由來，佛教徒都知道。聽列諾布仁波切曾說：「若能在每天洗澡時，想像自己的病痛與罪業也跟著清洗了，那麼，你會得到意想不到的好處。」

佛陀喜歡人用水來供養，不僅因爲純淨，更因爲隨手可得，我們沒有貧窮的藉口，更無法偷懶，因爲容易得你不好意思說拿不出來。每日早晚定時給佛菩薩供水，清洗一下自己的心靈，這是最簡易報酬率最高的儀軌啦！信不信由你。

至於講究人需要的儀軌，我建議按照自己師父的傳承去做，只要有做便有傳承延續的功德作用，而且無須斟酌正確與否。若沒有師父的指點，想熱鬧的人，可以上網去查找自己喜歡的方式，有文字有視頻，選擇非常多。你想要「最正確」的方式？老實說，我只想要自己最喜歡的方式，就是像不葷主義餐廳入口那樣，簡簡單單的一碗水，既清淨又美好，寓意無窮。至於「正確」，萬法唯心造，對尚未進入中觀思維的人來說，愛怎麼想就怎麼想，豈不妙哉！會爲難人的佛菩薩，是假佛陀假菩薩。心存善念，不造口業，你供的水，就是宇宙間最好的供養。

至於供佛後的水，到底能不能喝？

還是要按照儀軌與傳承來判定，一般法會上的供佛用水有兩種，一種是給參與的人喝，一種是供佛後再惠賜十方鬼神，意思是拿出去倒掉，當然，倒掉並非隨意，而是心存敬意與善意。接受傳承儀軌的人，回家可以照做，很繁複，但如果願意，有何不可？

若只是簡單供水，隔夜的，不知有多少微生物掉進去，對耆那教徒來說，喝下去就是殺生，對我而言，就是喝了許多不知名的病菌，敏感的人可能會拉肚子，轉而追究自己是否不如法得罪了諸佛菩薩？回到我上面說的，以清淨心供佛的水，再拿出去供養十方，是最簡單又不給自己找麻煩的方式，你覺得呢？諸佛菩薩永遠不會被得罪，眞的，會被得罪的永遠只會是人。

怎麼定義神蹟？

心甘情願地看見，如是知如是見。

我的佛學老師曾經多次反覆強調，即便是親眼目睹的神蹟，也要忘記。即使你摸到了聽見了，即便眞實的菩薩站在眼前，若當眞，便著魔。

先師曾經跟我說過一段話，教我淚流滿面，他說，如果你專注在禪定裡，會達到某種非常舒服的狀態，此時此刻，一秒也不要陷進去，立即跳出來。這段話，適用於人生中任何境界，愛情，就是最好的比喻。愛，讓人瘋狂，如果你當眞。

在我遇見這所有警醒我的老師們之前，其實，內心早有警惕。《聖經》裡，耶穌的遭遇，是最佳前車之鑑。

有回，台大一群測試心理臨床實驗的「科技」專家們，讓我們一群人去發現自己的念頭力量指數。我在衆目睽睽下，用念力，移動了指南針，不是瞬間卽逝的一秒，是長達一分鐘，直到身邊衆人開始相信而尖叫，我立卽停下。當然，這時候我受到了各種訓練的邀約，當年我拒絕的理由很粗暴：「我不是猴子，不會給你們耍猴戲。」從此，再也不玩念力這個東西。

我相信，我做得到的事情，別人也做得到，這不稀奇。在佛經中，《聖經》裡，這種認知，也一再被強調。

然而，一個人的起心動念，決定了你成爲什麼樣的人，而絕非你認爲的能力或長相。這是佛陀說的，我妄加詮釋，這詮釋的基礎，來自於我將近一甲子的人生經驗。

一粒麥子，落在地裡，有陽光有水，就會長大。這難道不是奇蹟？

只要你願意看見，哪裡沒有奇蹟？你自己的生命過程，就是個最大的奇蹟。至於，經典裡所謂傳說中的神蹟，相信也好，不相信也罷，不影響它的存在。重點在於，神蹟，對你有多重要？爲何耶穌只對某些人顯示神蹟，卻絕對不願對某些人甚至對自己伸出一根手指頭？譬如，他被釘在十字架，以他過往的事跡與聲稱，難道不能輕易自救？

迷信！在於你對神蹟的瘋狂，而非道理本質。神蹟可以救人亦可以叫人喪失心智，因爲人性本貪，乃至於愚蠢迷亂，這一點，大羅神仙也救不了。

我想起自己從小體弱多病，荳蔻年華之際練太極拳，爲了自救，非常認眞的每天風雨無阻，淸晨五點練到九點，一整年，直到體質產生變化，被勒令停止。我只有練拳並沒有練氣，卻產生了練氣之人的效應。多年後，我終於理解，這便是典型的悖論。跟神蹟一樣，你的目標在結果，你永遠也不會得到。若老老實實打樁練基本功，那麼，你不想要的，都會紛至沓來。

這就是佛經經常提起的功德。功德有很多種，有累積善業而來的，有累積知識而來的，有累積生活經驗而來的，這在梵文與藏文裡，都使用不同的字眼來區別，可惜，漢字全叫功德。其實，也無可厚非，對於迷信之人，的確毫無差別，懶人要的是結果，根本不在乎過程。

年紀漸長，慢慢地，我終於明白，功德，決定了一個人是否是瞎子。看見處處可見的神蹟，而非幻覺，需要功德。

恆河獻祭

好色的女神無忌憚，夢幻泡影的史詩。

有人問我：「印度髒得這麼恐怖，爲何有那麼多人年年都要去朝聖？」對於印度，你只有兩種概念，一如印度神祇那樣個性鮮明，不是愛就是恨，沒有模糊地帶。

屎尿、屍體與虔誠沐浴都在這條河流裡交替行進著，五千年來，自從銀河系傾瀉而下拯救罪惡的人類，神話，有了淨化作用，便也承載著萬年屎尿齊飛的使命。她是印度創造、破壞與孕育三大神祇之一濕婆神的女兒，濕婆神，才貌雙全，十八般武藝具足，又俊美至極，卻也破壞力十足，愛欲激烈而專注。也許正因爲這濃濃的千萬倍人味，濕婆神成爲印度教裡最受歡迎的神祇。

很奇妙，恆河屬於銀河女神，而恆河邊上的廟宇與佛龕，卻九成九都是濕婆神的，即便是岸上樹根窪裡隨便一個小佛龕，都在祭拜濕婆神。如果出現任何一個石頭或爛木根，長得形似陽具，就更代表著性欲旺盛的濕婆神顯靈了。

你問我：「不怕髒嗎？」對我從小潔癖最刻骨銘心的，是母親。進出印度多回後，不知覺間，強迫症不藥而癒。有天，母親拿鑰匙打開我家，看見躺在沙發上看報的我，驚呼：「這是我女兒的家嗎？」渾然不覺於滿屋混亂，被母親的大呼小叫給驚醒，曾幾何時，我也能安於「失序」了，忍不住看著母親惶恐的臉色大笑。

交媾一夜已千年的濕婆神，雖好色卻專情。他可以爲了不幸早逝的愛妻，閉關絕食苦修三千年，等待她再轉世。即便是守候了這樣長久，仍不放心地用骨灰塗滿赤裸全身，模樣邋遢汙穢地迂迴試探：「妳依然愛我如故嗎？」小心眼得非常人性化，哪裡像個掌管毀滅、五大生命元素、日月與祭祀的再創造之神？他控管了生殖繁衍的泉源，卻又具備雙子座的雙重人格，遊走於生死之間。他本極俊美，卻總以恐怖的裝扮示人，遇上無知無畏者，死路一條，絕不寬待。

這看似暴躁粗獷冷酷的濕婆神，卻在銀河女神拯救人類時，扮演了致命關鍵的角色，用自己的頭髮，承接銀河之水而分流宣泄暴洪，避免殃及無辜，順利地讓恆河最終扮演了淨化靈魂的使命。

一直以爲，恆河邊是佛陀證悟後初轉法輪之地，同時也是衆多教派辯論之處，所有印度精深博大的哲學思想，都曾聚集在這裡孕育繁衍，無數小國君主抱著黃金珠寶求取聆聽法教，即便是三言兩語的開示，也能讓人欣喜若狂，無論貴賤，思想流經之地，再再突破著極限與人性桎梏。

而今，人們拿一炷香、幾朵花與蠟燭，便在髒兮兮的佛龕上膜拜，或任由少許祭品在河道上漂流，心裡只有一己之私，再無更多念頭，誰又眞正在乎銀河女神的故事蘊含了什麼樣的意義？號稱全亞洲最大的瓦拉納西校園裡，哲學系幾百個各種宗教思想研究所，仍在探索二三千年前的思想盛況，而沒有更新穎的進展？我忍不住詢問滔滔不絕的導遊，他聲稱自己是哲學碩士，卻對佛陀一無所知。

每年冬末春初的宜人季節裡，天氣晴朗，無雨無酷曬，梵文大學調派全國智商最高具備才智與美貌的畢業生，到恆河邊給女神獻祭，地、水、火、風、空等五大元素的祭品樣樣具足，迎向四面八方的祭祀儀典，以曼妙姿態，感謝著兩手淨瓶與兩手蓮花女神的無邊恩澤，持續淨化邪惡的人類靈魂。

我踩踏著人畜屎糞泥濘，幾度造訪恆河邊上的日出沐浴人群，遙望焚燒屍體的祭壇煙火，想像逡巡其間的濕婆神，如何嘲笑戲弄愚昧的人類之餘，卻又讓自己美麗的女兒，擔當著吸納汙濁與邪惡的垃圾桶。

攜帶母親與大伯的遺骨，是我兩度獨自游船於恆河之上的任務。沒有祈禱與祭祀，就只是默默地撒下，心裡想著：「遨遊吧！來自天上之水，必能讓你的靈魂任意隨性遨遊，遠離所有的思想桎梏，在輪迴裡給自己最大的自由。」無論是《心經》，還是《金剛經》，擺脫思想桎梏，獲取真正究竟的自由，是佛陀留給人類的鑽石至寶，雖僅止一念，卻能相距億萬年。

心生恐懼卻又無比好奇的朋友問我：「你去了幾次？」已經開始忘記數，那就表示，我會一去再去，而每一次，都彷彿是初次相見，總有新奇的面貌再呈現，莫名地又感傷又喜悅，手足無措。

奔走賣花燭的幼童，哀愁閒散搖櫓的船夫，河岸精靈狡詐的掮客，排排列坐乞討的老弱婦孺，五彩斑斕的濕婆侍從沙度，以及隨時闖入視線的貓、狗、牛、馬與大象，與恆河上群群翻飛嚎啼的海鷗。如果說，一進入這場域，便想起《金剛經》

結語：「一切有爲法，如夢幻泡影，如露亦如電，應作如是觀。」像是永恆戳記般嵌入腦海的浮水印，你若觸碰過這部經典，必能如我一樣震撼又如墜雲霧。

想像著，受到人類虔誠感召的銀河女神，如何心甘情願墮入人間生兒育女，又化爲一道吞噬萬種汙濁的寂靜洪流，無怨無悔漂游於地球上數一數二髒亂的土地上，我便頓然嚎啕，卻又無法遏止地顚頂嬉笑，自我解嘲地默認愚痴。

一次次地，有幾年初春，總無巧不巧地趕上祭祀季節，除街頭巷尾繁花似錦迎來送往的婚喪喜慶，恆河邊上，婉轉柔媚男子們，如侍妾般妖嬈的身姿，一道道拿起各種祭品，向四面八方揮灑魅影，每一個轉身，豔麗柔軟如蛇蝎，魂魄飛舞，勾得人蕩漾起伏，暗自心驚。

再三端詳過同樣的祭祀，同樣的曼妙身影後，若有所悟。人神共舞，似乎是祭祀躋升的聯繫。你若虔敬，我便前來，你若浸淫，我便無怨無悔吞噬你的汙穢，直至你如我一般源自雪山的無礙無瑕，乃至銀河母親般浩瀚無邊的無所顧忌。

擠進人群裡，或站或坐或行走，拿著相機一直拍，忘記屎尿齊飛，忘記惡臭與死屍，忘記深幽哀怨眼神的乞討，終於，放下鏡頭，在搖曳生姿的晃動裡，似乎看見了亦男亦女的祭司們，其實，是恆河女神的子子孫孫，她始終如一地在這裡，沒有如神話般返回銀河。

然後，我又笑自己，來來去去，本自如，何須掛懷其來去？

從台北飛曼谷，再直飛瓦拉納西大學城，航程遠比以往便利許多，訝異於今日此時的便利，想起二十年來辛苦的進出，我竟比往常更少去了。

人說，佛也說，閱讀《金剛經》有千般萬種好，即使是讀幾句。今日有各種漂亮的版本，還有許多曼妙美好的天籟吟唱，很顯然，無論是否若有所悟，你鮮少一讀再讀，除非心裡空乏警覺。於是，想起師父們說的：「你擁有愈少，愈能珍惜佛陀傳遞的眞理。超過需要的擁有，是毒品，是禍不是福。」

我想起女神的肆無忌憚，無所取無垢淨地付出，只因感動。又想起她霸氣直率又才氣縱橫的爹爹，砍人不皺眉。於是，我琢磨著，究竟是誰，膽敢述說這樣的神話故事？然後，終至狂笑不已。

爲誰哭泣？

說走就走的旅途，夢中禪。

我走了。換個方向，去面對恐懼。

許多身邊朋友經常告訴我，見到某某大師某某修行人，會不由自主地淚流滿面。很慚愧，我多半無感，一開始也爲自己的冷血感到抱歉，後來見識過無數所謂的「大師」之後，再也不抱歉了。淚點，是有因緣的，不在於某人能飛能變魔術或點石成金，那些都跟我沒關係。即便是神仙在眼前，他也不能出手幫助不該幫助的人，或不該幫助不能幫助的事情。更大的原因，是彼此之間是否有因果必須解開。我自己，才是自我拯救的關鍵。

如果你聽說過菩提心，知道自己不覺悟便無法度衆生的道理，這救度，恰恰是救自己。但若心裡沒有衆生，救度，便是大笑話。悖論，才是眞理。

曾經被迫參加大師名人宴，在所有人都奉承大師之時，我冷漠地吃著，一頓飯間，在大師的預示下，我從天仙變成了妖女。我既不討好又不傷害更未揭穿你，是仙是妖，關你屁事？

上午被領著去見寺院老校長，文革倖存的著名藏區學者，亦爲先師的同班同學。在接近四千米的山路極窄巷裡穿梭，路程短，卻已氣喘如牛，好不容易抵達，老校長門口早已擠滿等候拜謁的藏族平民與出家僧尼。鑽進無數翹首企盼的人群，被領到最前面，對於我的插隊，深感萬分抱歉，但因高原反應而隨時會暈眩休克，不敢瞎充文明人，厚著臉皮擠進去。好不容易，方便門大開，校長侍從讓我坐在客廳舒舒服服地等候：「今天人不多，很快，你先等一下。」據說，每天都這樣，不斷地有人來拜會老校長，給摸個一秒的頭，便心滿意足地回家。卽便是爲了這短短幾秒的見面，人人盛裝打扮，一點也不馬虎，這是基本禮貌，亦出自內心深處的敬意。

敬意！似乎是安置自己心靈的妙劑。在藏區，不像漢人那樣迷信轉世活佛「仁坡切」的頭銜，有學問的大堪布校長們更受尊重。如老校長並非大人物的轉世，卻因學問深厚且從事教育工作多年，而讓地方百姓也把他當大神般敬重，照樣「迷信」老校長俱有無上的加持力，而絡繹不絕地拜謁。

安靜等候的過程裡，一個接一個卑躬屈膝地進門，期待與滿足寫在人人臉上，這畫面，讓我忍不住想哭，要用很大的力氣壓抑住洶湧而上的淚腺，不是怕丟臉，是身上沒帶面紙，萬一流鼻涕，太狼狽。

接觸藏族三十年，皈依老師是學者，學院派氣味濃，對於迷信者，始終有莫名的傲慢。至於經典上各種方向指出的「菩提心」，僅止於文字上的理解，始終是無感，或精確點，其實是迴避。這三個字，實在太難了，所有的一切，都在這裡面，想起這三個字就忍不住要飆淚，做不到啊！

然而，一位風燭殘年的老校長，卻爲何支撐著高齡，閉眼癱坐床上，任由一波波無休止的訪客，祈求摸頭加持？在學術的角度上，這是迷信嗎？如果是，菩提心，又是什麼？無二無別無人我地救度衆生，這幾個字，分秒放心上都有難度，遑論眞做到。

即便如此，若非略微了解菩提心的意義，當我坐在大殿，盡量讓自己專心在師父的嘰哩咕嚕裡，不懂也得專注聆聽，而眼前擠滿穿著袈裟的出家人，卻瞌睡的瞌睡，玩手機的玩手機，能不打擊我對佛法的「迷信」嗎？

在貴陽準備登機返台，兒子開車送我去機場，路上聊起晨間夢到師父召喚我去從未造訪過的藏區，先師一直跟我說起家鄉有多開闊美麗水草豐足，卻始終未能回去，讓我答應有生之年必須至少造訪一次，便能明白他的家鄉有多美，那漢人畏懼的高海拔呢？小兒立馬回應：「走吧！我們開車去，把飛機票改了。」於是，我們就眞的開了三天三夜的車，抵達藏區寺院。

一九八七年首度從尼泊爾飛往拉薩時，倒下三天，暈眩了一整年。後來，又在香格里拉氣急敗壞地吸氧，從此，我知道自己的海拔忍耐極限是三千米。這個限制在不丹王國不存在，至於原因，很可能多半在兩千五百米左右行走，經過四千米的停留時間並不長。這回進入藏區，竟然沒讓我感受到高原反應的恐懼，借了誰的膽子？亦或許知道自己年紀已不小，若不及時，將來可能永遠也不會去，計劃，一定會被各種理由打退堂鼓。高海拔這件事不能想，一想便會退卻。

從成都開往康定的十二小時車程裡（理論上六小時能到），我不斷地測試海拔，發現中途休憩點有三千四百米，便開始升高恐懼感，到處詢問哪裡可以找到解決高反祕方。然而，沿途美景似乎讓我忘記一切，經過海拔接近五千米的高峰，看見四周環繞的雪景，義無反顧地下車拍照，雖已略微感到呼吸困難，卻毫不畏懼，心裡，異常地踏實。此時，我身上只有短袖運動衫與臨時借來的背心，卻一點也不冷，手機顯示的溫度是攝氏五度。

進入新都橋鎮，下榻朋友推薦的貢嘎莊園，據說是三位小辮子男人經營的新客棧，接待殷勤，餐點亦難得清爽可口，跟一般四川區域重油重鹽重辣的口味大不同，此時此刻，放鬆心情，反而如醉酒般暈眩起來，於是，我知道終於該來的還是來了。什麼紅景天藥丸或口服液甚至退燒藥都吃了，只差沒打開氧氣筒。也許是心情太好，被這沿途的自然景觀感染，難得瞬間平復不適感，便又壯膽繼續前行，雖然聽說目的地高達三千七百米，那卽將是我要生活一周的海拔高度。

莊園辮子男人擔心我著涼，上車前硬塞給我一件臭烘烘的藏袍，他說：「也許你會喜歡呢？這是男人味。」問題是老太太我鼻子敏感，最怕臭男人味兒，還有這種藏式調戲語言，亦讓人消受不起。也幸好是年紀大了，不再像年輕時那樣容易生氣，一笑了之。

若讓我描述這段路有多美，實在很困難，你必須自己身歷其境。正如先師的描述也只有「非常美」罷了，讓我心裡犯嘀咕：「你也太想家了，哪能有多美？」這一路的雀躍，眞是讓我忍不住把肚腸裡各種能形容美的語言都用上了，想來想去，也只冒出了：「好美啊！怎麼可以這樣美？」眞是美得讓人想哭啊！

拿到「高原安」特效藥，每天早晚吃一粒，再加上當地土長的藥草湯，對我這痛恨藥物的人來說，是不可不爲的不得已。我迷信《醫宗金鑑》開篇第一頁說的，除非病入膏肓不可用藥，但凡是藥便有毒，對人體免疫系統造成無可彌補的傷害。然而，年紀大了，有些堅持，還是以舒服爲首要選擇。

在藏區，見誰都覺得可愛，師父問我：「你現在比較喜歡不丹還是這裡？」沿途一直覺得跟不丹好像啊！卻更壯闊而氣勢驚人，這問題不好回答。師父說：「這裡的人很強悍，不像不丹人那樣溫和，康巴人很直接，喜歡與不喜歡你，立卽反應，毫不客氣。」而我忽然覺得，他們怡然自得，在打不擾人的狀態下，以自己的方式活著，這是大自然賦予的尊嚴，誰也奪不走。這樣的尊嚴，來自眼前壯闊的山高水遠吧！湛藍的天空、深藍碧綠水翠的山巒、棕黃酒紅的房舍與金黃燦爛的熟成青稞稻浪，構成一幅坦蕩蕩的氣流，讓生活其中的人們，無論如何也縱情無礙吧？

這回最讓我感動的，是廚房裡的知客僧，既要負責安排訪客住宿提行李，還要做飯洗碗，未仗恃自己是校長的外甥，永遠在服侍完所有客人吃飽後，才草草扒幾口剩菜剩飯。那天離開大殿，問他師父說了什麼，他肅然解釋：「大概的意思是說人生在世最重要的目標是修行，名聞利養如過眼雲煙，一點也不重要，不需要在乎別人怎麼看你，什麼也帶不走，只有修行才能生生世世地累積。」中午師父忽然決定來我們的廚房吃飯，小喇嘛忙進忙出，終於送走大神，他小巧地倒在人去屋空的長椅上：「累死我了！」我忍不住好笑：「是嚇死你了吧？」修行在廚房裡啊！看著小和尚，我喜悅得想哭。

將心比心，是我認識菩提心的入門。朋友老說我有讀心術，其實，僅只是將心比心罷了，慢慢地，愈來愈能接受菩提心的深入含義，便愈能理解別人，同時理解了自己，彼時，才體會出，救度眾生的願望，是救度自己的鑰匙。心裡沒有眾生的人，很難眞正了解自己，愈自私愈難解脫，所謂的解脫，不過是放過自己而已，不是嗎？

當你能夠感受別人的存在，而爲其哭泣，心裡，便如雨過天青般朗然。這一點，你只能自己嘗試念叨著菩提心的意義，我可是念叨了三十年，才略微有感受，你可能比我幸運，一點就通。當我自然而然爲你哭泣時，亦同時爲自己落淚，不再恐懼而解脫，這不是悲傷，是喜悅。

蓮師洞誦經

需要認識原文嗎？母語的通道入八萬四千法門。

我的皈依師父曾期待我學習藏文，這樣他比較方便傳我法教，透過翻譯，總會有細節上的不足。我的魔法師則告訴我：「不用從頭學，誰告訴妳藏文才是正確的？是文字都會有缺失，中觀怎麼學的？有說有錯，永遠不可能絕對正確。」而我在跟隨師父數十年的歲月裡，感受到非言傳的身教，遠非文字能表述，才轉頭明白了他讓我不必浪費時間學藏文的用意。

傳說中，蓮師從印度到西藏的喜馬拉雅山區，無數的閉關洞穴中，遇到有緣人，或許能找到蓮華生大士留下的言教，甚至從夢中接受傳承。在不丹、尼泊爾海拔五六千米以上的數百座高山上，這樣的洞穴非常多，也有很多卽身成佛的案例，讓趨之若鶩的修行人發願終身閉關，至死方休。

朋友曾帶我去過幾座蓮師洞，回回都要做個小儀軌，焚香誦經，我也被迫跟著念誦，不太熟悉的藏文，追趕著辨識拼音，不知文中意，反而專注在聲音裡，感知到周遭氣息的不同。

在本該滅絕生機上千年的洞穴裡，無人居住，卻香火不斷。僅憑一廂情願的相信，又有多少人眞能從中獲得傳承教法？

我想起拜訪旅居紐約師父期間，總喜歡帶著我們繞行百畝莊園，想像自己在繞壇城，此間乃佛陀淨土，邊走邊念誦蓮師咒，師父說，無論何時何地，隨時隨地供養諸佛菩薩，產生的聯繫，即便不能即身成佛，也能讓我們在中陰身不慌不忙地轉世爲人，有機會延續此生的修持不間斷，如此相信，一念成佛。

我沒有豐富的佛學知識，亦沒有從歷年朝聖中獲得奇特的機遇，卻在自己師父身上，品嘗到精神上的傳遞，與夢中傳法。這樣的經驗，與傳說中蓮師洞中伏藏傳承，有異曲同工之妙，或許，這是我把師父當成蓮師的想像發揮作用了吧！

於是，我的懶人哲學又有了堅實的根據，唯有無條件地相信，便能省卻累死人的學習，無知但能純信，據說，還是要仰賴累世的福德。想到母親無可比擬的相信，我甘拜下風地去認眞做功課了。蓮師如同佛菩薩一樣，也發願，有緣便能被救度，這份緣，仰賴純然的相信，自願上鉤。

不丹議政廳

神佛誰家坐，隨時隨地又轉生的福地。

我其實是不相信的。從西不丹橫越到東不丹，差不多等於台北到高雄的距離，卻因爲大半蛇行遊走在三四千米的密集高山之間，就算是不畏死生地飆車，也得走上兩天。一路上，聽到最多的，就是某某人的轉世，並非是謠言與轉述，而是當事人的直白相告，亦非成人修飾過的世故之言，卻是兩三歲童稚的理直氣壯，長篇大論地述說著自己如何死亡如何轉世投胎。

轉頭笑問不丹原住民：「你們選擇轉世的地點一直都在不丹嗎？」答案千篇一律：「當然！只有這裡才是最理想的天堂！」爲何？「出生卽有佛法信仰，不用擔心死亡後的歸途，只要能回來，便無懼死亡。」

自從不丹王國第四任國王宣布立憲選舉後，無論是草擬立憲發起人，還是首任總理，恰巧都是老熟人，他們最大的感嘆便是：害怕去議政廳開會！我稀奇又好奇地進一步追問，才知道來自各鎮各村莊的代表們，一開會就比賽誰家祖先來自哪位佛菩薩的轉世化身，幾乎沒有人對憲法有興趣，而在場受過外來教育的官員們，莫可奈何地必須忍受到底，直到滿足大家的發表欲後，才能擠出最後一點時間討論憲法。

二〇二三年上映的《不丹沒有槍》（*The Monk and the Gun*）是Pawo Choyning Dorji巴沃導演的第二部作品，內容即闡述第四任國王決定提早退休前，開放網路與電視，全面實施先進文明的民主選舉，過程中推進民主化的官員與純粹信任國王的平民百姓中，存在顯著的價值觀落差，用一把和尚坦然扛在身上的槍，來突顯現代文明與落後傳統的認知差距，恰恰詮釋了不丹式的「幸福國度」來自於純粹的信仰。

拋開信仰後的不丹百姓，一片茫然，究竟現代化的進程，是讓不丹更幸福還是進入二元對立的衝突？幸福的不丹需要選舉嗎？

海歸派官員們表示，國王沒有選擇地必須推進民主，而民主的核心是全民認同，很顯然，大部分的不丹百姓並不認同如此衝突不斷的現代化，既腐蝕信仰又激化對立，甚至摧毀了既有的家庭緊密關係，親友之間的猜忌與仇恨激升，幸福，在選舉起始已消逝，如同許多擁有民主選舉的國家。看完電影，想起神佛滿天飛的議政廳，不免納悶，未來的不丹，仍然有一再轉世回歸的人嗎？這種純然的信仰認同，能存活於現代民主進程中嗎？

人人皆有仙俠夢

活著的時候鍛鍊夢境，逍遙進入無所畏懼的中陰身。戲遊時空，自在選擇重生。

我是泡在漫畫與武俠小說中長大的一代，從每天去圖書館攔截報刊連載，到寒暑假躺趴床上不眠不歇，沉浸於飛來飛去刀光劍影裡潤澤出的俠義情懷，乃至醞釀出登山入道的嚮往。上承長輩們心有餘悸的戰亂，下沿經濟蓬勃科技變革翻新的跌宕，在新舊交疊抗衡裡懵懂，黑白對錯不再是唯一的堅持，信仰傳承亦顫顫巍巍地擺盪搖曳，有幸目睹稻田轉眼高樓林立，電報、傳真、網路的轉換，耳順後，我終於，終於走出了迷迷糊糊的認知泥沼，重新看見信仰的清新面貌，而感謝著以往或許存在的福德。

何其有幸地，我遇見了一位又一位的恩師們，皆非仙俠，卻遠遠超過我所想我所需我所欲。期間，發生了一次又一次的不可思議，亦非語言文字所能描述，此時此刻，才知道，童年所知皆兒戲，卻又並非全然無所希冀。

如同我再次迷戀上揉搓麵團，浪費可恥，感謝周遭品德溫良的白老鼠們，幫我消滅了一爐又一爐的奇形怪狀麵包，昧著良心再三表示好吃，然後繼續接收我塡鴨式的出爐麵包。我從不計量堅持鍛鍊手感，所以，沒有一爐的味道是重複的。這就像是大師們的閉關禪定經驗，沒有分秒相同，再奇妙的感受，亦無法複製，只能不期待地一期一會，卽便所有的程序都照舊。揉麵團時，我一直在比較禪定的過程，似乎很相似。經驗可以參考，卻無法完整複製。

這眞不是瞎說，而是許多大師們在著作或演講中，再三表示的稍縱卽逝。體驗長短與影響強度，來自多生多世累積的福德。有經驗的禪修者，既不執著於甜美的感受，更無法延續或捕捉超越語言所能描述的眞實撞擊。很像談戀愛，有過曾經，是我幸，過去了就讓它過去，不渴望不耽溺，或許，才可能再次品嘗似曾相識的經驗。否則，陷溺，便是永遠的失去。把精神都耗在渴望中，何來迎接收納福德的空間？

因爲年齡的差別，童年傷會傷得痛哭哀嚎，而年紀見長，傷疤愈來愈多，無論是身體或心靈上的，揭開結痂的疤，其實會上癮，感覺比沒受傷前還舒暢。這是一種很弔詭的感受，很多人朗朗上口：別揭傷疤！那說的是未成熟的疤，熟透的傷疤，揭開時，舒服又欣慰，甚至還有些意猶未盡。

年齡差甚至呈現在旅途中，年輕時，恨不得一天當一周用，行程塞得滿滿，才能在入睡前告訴自己不虛此行。到年老體衰時，能把一月當一天用，幾乎在靜止的狀態下，進行了一項漫漫步行，能去一個定點卽可，哪裡也不想多走，更失去了好奇心，卻也坦然安適，鮮少有遺憾，仿若天下就只有一個景點，到了就好。

同樣，禪坐的鍛鍊亦如是。如果從頭到尾數十載無風浪，我相信，你就是睡著了也睡得不痛快，愈睡愈空虛，甚至心虛，虛度光陰。但若跨越了虛無縹緲的空虛感，一舉超凡，便又是一番無盡的風光，哪裡都好。這種一解煩擾的舒暢，來自歲歲年年月月累積的傷痕戰績與功德，磨刀工夫流水情，等驗因果福德箱。福德，說的不僅僅是善行善事的功德，更是人生經驗打磨出的慈悲與智慧，沒有慈悲的智慧是槓子頭，沒有智慧的慈悲是虛僞的自欺欺人。而禪坐，面對的無論敵友，都只有自己，超越慈悲與智慧。

禪坐亦似旅行，出門前對旅程的忐忑不安，一旦上路，仿若重新開啟人生，新鮮又刺激，從陌生到順風順水，只差一瞬間的入境隨俗，然後就如在自家遊走，隨時隨地隨便吃喝，安心便安靜，剛入定前，一如旅遊過程中的心境，從慌亂不安到沉靜，眞的，只差一個念頭的隨遇而安，雜念，不過是過眼雲煙的海市蜃樓，既可認眞亦能隨時放下。

仙俠夢，可以如實在定中自編自演，感受眞實不虛。

我學過紫薇斗數與八字演算，然後自學了塔羅星象，也研究過易經術算，便整合出自己的數字天文感，用生日的塔羅數字來演算八字，從中體會數學的另一種趣味。常年拿周遭親友實驗，最喜歡遇到的生日，便是數字二的女祭司，擁有這個數字愈多的人，愈能操控夢境，就是把夢境中的預言，一再地轉換編輯成自己想要的畫面。我自己沒有二，但凡遇到親友中有二的人，都會好奇地問一問，當然二也有選擇困難症，也就在經常遊走在相信與不信之間，但凡相信自己的直覺放下理性，便能無往不利，我試過很多人，非常有意思地，選擇相信自己的人，通常都能立即改變運氣獲得心想事成的能力。

而禪定，就是無論是否擁有二的女祭司塔羅牌，一旦入定，也能擁有同樣的能力。這並非我瞎說，印度有位藏傳夢瑜伽大師，隨時在睡覺，睡即禪定，睡著睡著就是他的修行方式，我相信他在夢裡很忙碌，經常要解決訪客的難題。但若我們自己去入定，何必麻煩別人呢？

有幸認識獲得全球最重要的天文科學獎Catherine Wolfe Bruce Gold Medal的林潮教授曾告訴我，對於天文學家，最重要的不是結果，而是勇敢提問，大膽地做夢，唯有天馬行空的想像力，才能突破極限邁向浩瀚的宇宙眞相。辦公室永遠向北大與清大的學生們敞開，無論新鮮人或研究生還是博士後，他總跟學生說，你還可以更大膽些，不要害怕做夢。

信仰，可以是甚至很可能是也或許絕對是，一場夢。

《金剛經》結語，在各種反覆驗證的種種悖論後，一切有爲法，如夢幻泡影，如露亦如電，應作如是觀。而我最喜歡的一段，卻是：如是知、如是見、如是信解，不生法相。越過千帆，無論是在禪定或夢境或眞實人生裏，最後不生法相，反而能應運而生任何你想要的夢境，或者「境」，一場你值得的旅程。

如露亦如電，是天文學家們經常見到的景象，那麼科學家們看到的是夢境還是眞相？

我在大量閱讀網路通俗小說的五年時間裡，發現了一條有趣的鐵律，能鎖住專注力的部分，永遠是在懸疑與解決問題之間的過程，一旦問題趨緩甚至解決，即便故事尚未完結，也很難引起閱讀的持續高亢，甚至隨時想放棄閱讀。這與禪定的過程亦非常雷同，一開始對某大師傳授的修行方式大感興趣，尤其是在解鎖的過程裡，跌宕起伏，維持著亢奮的情緒，但若間歇性解鎖後，平靜，亦趨近於死寂，也就是說，入定，將朝兩極化而去，憂喜各占一半的機率。

但若是夢瑜伽，眞假隨時互換，那麼，無論事情是否完成，都不會造成太大的影響，畢竟在認知上，眞的便是假的，假的也隨時可以是眞的。

我有時覺得自己太多情，卻又出離得很冷血。這種反覆的情緒，既來自不安的童年，亦未嘗不是多年接觸佛學的結果，出離心，是基本功，並非一蹴卽就，我自已經過漫長的洗腦，逐漸成形，直到恍然回顧，才發現早已根深柢固。眞眞假假之分，愈來愈模糊，也就越出離，生與死，僅止一線之間，又何必多情？

辯證的過程，雖沒有答案，卻能夠逐漸理解，而理解，遠遠比答案重要，因爲理解，才能趨近眞相，而非止步於想像。這之間的差異，在於答案是否眞的是答案。

旅途中，大家多半有食物選擇困難症，無論是出於預算或者陌生環境因素，對我而言，嗅覺靈敏一直是優勢，而多年經驗累積，讓我知道觀察服務人員最直接有效。一般來說，歡快又溫和的服務態度，證明了對自家廚房出品的自信與驕傲，自然也就能展現舒適的服務。若餐廳提供的食物不稱頭，服務人員很難有好心情，隨時等待應付食客的負面反應，怎可能維持愉快的服務？

於是，這又讓我確認了，禪定到位的人，最能隨遇而安，無需展現任何神奇的能力，他的自然而然，是最佳詮釋，根本無需過度的炫耀。

那麼，爲何要禪定？答案是，人人都有的仙俠夢。暫時不論超越時空這種暫時無法被接受的天文概念，至少，可以嘗試在夢裡，去打造一切想要的「不可能」，這也是我所知道最簡易的修行方式。

禪定，並非一定要靜靜地端坐席上，那是一種狀態，近乎全知，這種感受像靈敏的掃描器，能精準地捕捉到分寸感，在意與不在意之間的拿捏，決定了這種方便自在。譬如，出門在外，要注重禮儀，將自己維持乾淨整潔，不妨礙別人的視覺，這是一種生存需要的在意，也是對旁人的慈悲。而不需要在意自己的長相，這是對自己的慈悲，一旦不在意，就能活得痛快，而心境朗朗明明，也就能掌握覺知的鑰匙。覺知，如是知，是禪定的最佳樣貌。進入如是知的定中定，無論行住坐臥，皆能任運自在，離仙俠夢也不遠了。

看世界的方法 270

死生契闊

作者	陳念萱
美術設計	曹　淳
責任編輯	魏于婷／林煜幃
編輯協力	羅凱瀚
發行人兼社長	許悔之
總編輯	林煜幃
設計總監	吳佳璘
企劃主編	蔡旻潔
行政主任	陳芃妤
編輯	羅凱瀚
藝術總監	黃寶萍
策略顧問	黃惠美 · 郭旭原 · 郭思敏 · 郭孟君 · 劉冠吟
顧問	施昇輝 · 宇文正 · 林志隆 · 張佳雯
法律顧問	國際通商法律事務所／邵瓊慧律師
出版	有鹿文化事業有限公司
地址	台北市大安區信義路三段 106 號 10 樓之 4
電話	02-2700-8388
傳眞	02-2700-8178
網址	http://www.uniqueroute.com
電子信箱	service@uniqueroute.com
製版印刷	鴻霖印刷傳媒股份有限公司
總經銷	紅螞蟻圖書有限公司
地址	台北市內湖區舊宗路二段 121 巷 19 號
電話	02-2795-3656
傳眞	02-2795-4100
網址	http://www.e-redant.com

ISBN：978-626-7262-98-6
初版第一次印行：2024 年 10 月
定價：400 元

國家圖書館出版品預行編目 (CIP) 資料
死生契闊 / 陳念萱著 . -- 初版 . --
臺北市 : 有鹿文化事業有限公司 , 2024.10
272 面 ; 14.8 x 21 公分 . -- (看世界的方法 ; 270)
ISBN 978-926-7262-98-6(平裝)
1.CST: 生死學 2.CST: 生死觀 3.CST: 生命教育
197　　113013361